가로세로 낱말

경제 용어 퍼즐

1

가로세로 낱말

경제 용어 퍼즐 1

초판 1쇄 인쇄일 2018년 11월 20일
초판 1쇄 발행일 2018년 11월 30일

기획 작은책방 기획팀 **지은이** 이보경
펴낸이 김지영 **펴낸곳** 지브레인[Gbrain]
편집 김현주
마케팅 조명구 **제작 · 관리** 김동영

출판등록 2001년 7월 3일 제2005-000022호
주소 04021 서울시 마포구 월드컵로7길 88 2층
전화 (02)2648-7224 **팩스** (02)2654-7696

ISBN 978-89-5979-574-1 (04320)
978-89-5979-576-5 (SET)

- 작은책방은 지브레인의 인문 전문 분야 브랜드입니다.
- 책값은 뒤표지에 있습니다.
- 잘못된 책은 교환해 드립니다.

표지 이미지 www.freepik.com / www.utoimage.com /
www.vecteezy.com /pixabay.com/
본문 이미지 www.freepik.com / www.utoimage.com

가로세로 낱말

경제 용어 퍼즐

1

작은책방 기획팀 기획
이보경 지음

작은책방

머리말

세상에는 우리가 관심 가져야 할 수많은 분야가 있지만 특히 경제는 반드시 알아야 할 분야임에도 불구하고 생각처럼 쉽게 접근하기 어려운 분야였다. 우리의 삶 그 자체이기도 한 경제 분야는 그 중요성에 비해 본격적으로 공부하려는 시도를 하는 사람들이 많지 않다. 왜냐하면 대놓고 경제를 공부한다는 것은 마치 돈에 눈이 먼 사람으로 인식되어질 것 같은 생각이 우리의 뒤통수를 잡아 당기고 있기 때문이다.

그런데 서유럽이 초등학생 때부터 경제 개념과 실생활 경제 용어를 가르치는 것에서 알 수 있듯이 경제야말로 아주 어린시절부터 차근차근 배워야 할 생활 공부이다.

우리는 부동산 가격에 대한 관심과 부자가 되고 싶은 마음은 항상 있으면서도 실제적인 공부를 해보겠다는 생각은 하지 않는데 세상은 변해가고 있다. 자본주의가 심화되어 갈수록 경제 분야를 이해하지 못하면 생존하기 어려울 만큼 경제는 우리 삶의 핵심이 되어가고 있다. 그러므로《가로세로 낱말 경제 용어 퍼즐 1》을 즐기며 그러한 변화의 흐름에 따라가 보자.

여기에 나오는 경제 관련 용어는 거시경제나 어려운 경제학보다는 되도록 우리 주변에서 흔히 쓰이는 기본 경제 용어들과 생활 이슈에 연관된 용어를 많이 다루려 노력했다. 그럼에도 용어가 낯설다면 우리에겐 친철한 인터넷이 있다. 오늘부터 인터넷 검색과 책을 통해 차근차근 경제 용어에 익숙해지는 시간을 가져보자.

이 퍼즐들을 다 완성해갈 무렵에는 어느덧 재미있는 경제, 손에 잡히는 경제를 만나게 될 것이다.

이보경

1) 《가로세로 낱말 경제 용어 퍼즐》에 나오는 경제 용어들은 우리 실생활에서 많이 사용하는 경제 용어들을 기준으로 했습니다. 그럼에도 불구하고 낯선 용어나 기억이 떠오르지 않는다면 조급해하지 마시고 즐기는 기분으로 인터넷에서 찾아보며 풀어가시길 바랍니다. 다양한 방법을 이용한 퍼즐 풀이는 그만큼 확실한 지식으로 남게 될 것입니다.

2) 《가로세로 낱말 경제 용어 퍼즐》에서는 생활 경제 용어를 기준으로 회계, 부동산, 주식, 경제, 경영 등 경제에 관한 분야를 모두 소개하고 있습니다.

3) 띄어쓰기가 된 곳은 ★로 표시했습니다.

4) 부록에 퍼즐 속 경제 용어들에 대한 소개와 사진을 담아 좀 더 이해하기 쉽도록 안내하고 있습니다.

5) 한 퍼즐당 대략 14~23문제 정도가 소개되었습니다. 설명을 다르게 해서 같은 경제 용어를 소개한 것도 있습니다.

6) 재미있게 푸는 동안 내가 가진 지식도 늘 것입니다. 퍼즐이므로 즐기며 활용해보시길 바랍니다.

CONTENTS

경제 용어 퍼즐

가로 열쇠

1 매입하면 매도를 고려할 필요없이 오랜 시간 보유할 것으로 기대되는 주식.

4 문재인 정부의 핵심 경제정책으로 저임금노동자, 가계의 임금, 소득을 늘리면 소비도 늘어나 경제가 성장한다는 임금주도성장의 경제정책.

6 금융자본과 산업자본이 상대 업종을 소유 · 지배하는 것을 금지하는 원칙.

8 채권투자에서 앞으로 발생할 미래소득을 적정한 할인율로 할인하여 현재 시점의 가치로 환산한 것.

10 기업이 자금을 조달하기 위해 발행하는 채권.

12 세금이 면제가 되는 소득.

13 금융거래를 할 때 본인의 실명으로 해야 하는 제도.

세로 열쇠

1 금융기관이 장기융자를 위한 자금을 흡수할 목적으로 발행하는 채권.

2 경제위기 상황에서 유럽 각국에 구제금융을 해주는 유럽연합(EU)판 국제통화기금(IMF).

3 회사가 보유한 자사 발행 주식.

5 도심의 땅값이 오르면서 주택단지는 외곽으로 빠져나가고 도심 안에는 상업지구와 공공시설만 남아 도시가 공동화되는 현상.

7 회사의 실적을 부풀리기 위해 장부를 조작하여 만든 회계.

9 개인들이 자유롭게 처분할 수 있는 소득으로 개인소득에서 모든 소득세 등 공과금을 뺀 잔액.

11 채권자가 채권을 무상으로 소멸시키는 일방적 단독행위.

13 원금에 지급되는 일정한 기간 동안의 이자를 비율로 표시한 것.

1↓→ 장			2↓								
							3↓				
			화		4→		주	5↓			
			6→		7↓			8→		9↓ 가	
					10→ 회		11↓				
							12→	세			
			13↓→ 금								

가로 열쇠

1 경제발전과 세계무역 촉진을 위해 발족한 국제기구.

3 생산량의 증감에 따라 변동하는 비용.

5 어음이나 수표의 증권 반환.

7 특정 국가의 부도로 지급 불능 상태일 때 금융회사가 입을 수 있는 피해액의 총합.

9 인간의 노동력 대신 인공지능(AI), 사물인터넷(IoT), 로봇 등을 제조업이나 서비스업 등에 이용해 이뤄지는 경제활동.

10 시장에서 지배적 영향을 미치는 사업자가 부당한 가격의 결정 · 유지 · 변경을 한 경우 사업자에게 가격을 인하하도록 명령할 수 있는 공정거래위원회의 행정 처분의 하나.

12 한 회사에 대해 보유하고 있는 주식 수.

세로 열쇠

2 덤핑 방지 관세의 복잡한 절차를 생략하고, 수입이 증대에 따른 피해를 보는 특정 국내산업을 보호하기 위한 수입규제방식의 하나로 즉시 덤핑조사를 발동시킬 수 있는 기준가격.

4 온라인 가상화폐.

6 미래에 회사가 얼마를 벌어들일 수 있는지를 현재 가치화한 가액.

8 중앙은행이 향후 미래의 통화정책 방향을 예고하는 새로운 통화정책 커뮤니케이션 수단.

9 채권자가 지정되지 않고 증권 소지인에게 돈을 갚아야 하는 채권.

11 해외의 경쟁기업을 인수한 뒤 본사를 법인세율이 낮은 아일랜드 등 유럽으로 옮기는 행위.

2

	1→ 경					2↓				
						3→	변	4↓		
5→	6↓ 수									
	7→		8↓	저						
							9↓→ 무			
			10→		11↓ 인					
	12→	딩								

답 112P

가로 열쇠

1 주식 가격이 이전 최고치 이상으로 등락했다가 다시 상승할 때 두 번째 상승치 이하로 상승했다가 하락하는 현상인 삼봉형과 거의 비슷하나 형성기간이 길기 때문에 반전이 비교적 완만하게 이루어지는 시점에서 자주 형성되며, 모형의 대칭성이 보다 강하게 나타나는 증권 가격 동향을 나타내는 증권의 기술적 분석 용어.

5 정부가 외환보유액의 일부를 투자용으로 출자해 만든 펀드.

7 은행 예금의 일정 비율을 중앙은행에 강제적으로 예금시켜 은행 고객들의 예금 인출과 은행의 부도를 대비하고 통화량을 조절하는 양적 조절수단으로 쓰이는 예금.

9 기업의 위법행위에 대해 행정당국이 기업과 합의하여 시정방안을 마련하고 사건을 종결하는 제도.

11 개인이 얻은 소득에 대하여 부과하는 조세.

13 기업의 기존 사업과 조직구조의 효율을 높이고자 실시하는 구조개혁 작업.

세로 열쇠

2 중진국에 접어든 국가가 선진국으로 발전하지 못하거나 저소득 국가로 퇴보하는 현상.

3 부동산을 담보로 장기주택자금을 대출해주는 제도.

4 국고금의 기본적인 수입 부분으로 1회계연도에 있어서 세입예산에 의거한 일체의 수입금.

6 펀드 판매회사 간 공정한 경쟁유도와 투자자의 판매회사 선택권 확대를 위해 투자자가 환매수수료 부담 없이 판매회사를 변경할 수 있도록 하는 제도.

8 현물만을 거래대상으로 하여 코스피 종목 가운데 15개 이상 종목을 묶어서 대량으로 한 번에 주문을 내는 경우를 말함.

10 매수인이 부동산에 대한 대금을 지급했음에도 점유자가 부동산의 인도를 거절하는 경우 제기하는 소송.

12 소득에 부과되는 세금에 대해 적용되는 세율 체계.

14 책, 영화, 기술, 소프트웨어, 음성통신 등을 포함한 디지털화가 가능한 제품.

3

1→	2↓					3↓ 모				4↓
										입
	5→ 국		6↓			7→			8↓	
			9→		10↓ 명					
									래	
					11→		12↓			
							율			
							13→			14↓ 정

답 112P

가로 열쇠

1 중앙은행의 창구를 통해서 발행된 화폐총량.

5 전환권이 인정되는 주식.

6 증권거래소에서 매매할 수 있는 품목으로 지정하는 일.

7 공장이나 기계설비와 같은 고정자산이 일정 기간이 지날수록 감해지는 가치를 비용으로 할당하는 것.

8 일 년 중 특정 계절에 한하여 높은 세율을 적용하는 관세.

10 소비자가 구매하는 제품의 일시불 지급이 어려울 때 금융회사가 소비자로부터 물품대금을 일정 기간 분할하여 받는 금융 형태.

11 주식의 배당을 현금이 아닌 신규발행의 주식으로 대신하는 배당.

12 보험회사, 신탁회사, 증권회사, 종합금융회사, 카드회사, 캐피탈, 상호저축은행 등이 해당되는 은행을 제외한 금융기관.

14 금융기관의 부실자산이나 채권만을 사들여 전문적으로 처리하는 기관.

세로 열쇠

2 기업회계에서 당해 기간에 해당하는 손익만을 구분하여 계산하는 회계.

3 재화나 용역에 생성되는 마진에 대해 부과되는 조세로 우리나라에서는 최종 가격의 10%를 부과하는 간접세.

4 매 회계연도마다 연속적으로 반복 지출되는 경비.

9 특정상품의 수입량에 따라 저세율과 고세율을 적용하는 이중세율 관세제도.

13 주주가 주주명부가 폐쇄되거나 배정기준일이 지나 신주를 받을 권리가 없어진 상태와 기준일이 지나 배당금을 받을 수 없는 상태가 동시에 이루어지는 것을 말함.

4

1→	폐	2↓									
					3↓			4↓			
5→		주						6→			
				7→ 감				비			
		8→		9↓							
				10→			융				
	11→			당							
				12→				13↓ 권			
								14→			

답 112P

가로 열쇠

1 시장, 군수, 구청장이 공시지가를 기준으로 하여 산정한 개별 필지에 대한 평방미터당 지가.

3 기업회계에서 해마다 일정액의 감가상각비를 계산하는 방법.

4 어떤 상품에 관한 시장 수요, 공급량과 시장가격과의 관계에 관한 법칙.

6 국가가 국내산업을 보호, 육성하기 위해서 무역에 대한 통제를 가하는 정책.

7 국민들이 느끼는 경제적 어려움을 수치화한 것.

11 금융기관이 기업에 대해 금전을 대출하거나 어음을 할인하는 경우에 약속하는 금리.

12 사단법인의 조직 · 활동을 정한 근본 규칙.

13 수출상이 수입상으로부터 송금을 기다리지 않고 수입상이 지정하는 은행을 지급인으로 하여 발행하는 역환어음.

세로 열쇠

1 2011년 3월 29일 제정된 개인정보와 권익 보호를 강화하기 위한 법.

2 한 국가의 가계소득이 계층별로 얼마나 잘 분배되어 있는가를 측정하는 계수.

5 물품을 소유의 개념이 아닌 서로 공유하는 대상으로 인식하여 이루어지는 경제활동.

8 경기과열로 인한 긴축정책을 실시하거나 단기자본이 해외로 빠져나가는 것을 막기 위한 목적으로 금리를 높이는 정책.

9 수입화물에 대하여 관세 이외에 추가 징수하는 부과금.

10 일정 기간 가계 소비지출 총액에서 식료품비가 차지하는 비율.

11 발행인이 소지인에게 장래의 특정한 시기에 일정한 금액을 지급할 것을 약속하는 어음의 한 종류.

5

	1↱				2↓ 지						
	3→ 정										
					4→		5↓				
6→					의		경				
						7→		8↓			9↓ 수
	10↓				11↱						
								12→ 정			
	계										
	13→										

가로 열쇠

4 마르크스와 엥겔스가 확립하고 레닌 등 후계자에 의해 계승·발전된 경제학.

5 수정자본주의의 이론을 제공하여 세계공황을 설명하고 그것을 극복할 방법을 제시한 영국의 대표적 이론경제학자.

6 집권적 중앙계획의 통제에 따라 재화의 생산·분배·소비가 계획되고 관리되는 국민경제.

9 일정한 목적을 위하여 결합한 사람들의 집단으로, 권리능력이 인정된 것을 말함.

10 유럽중앙은행 창설과 단일통화 사용의 경제통화동맹(EMU), 노동조건 통일의 사회부문, 공동방위정책, 유럽시민권 규정 등 4개의 핵심내용을 담고 있는 유럽공동체의 터전이 된 조약.

12 2015년 3월 27일 제정된 부정청탁 및 금품 등의 수수 금지에 관한 법률.

세로 열쇠

1 국민이 보유하려는 화폐량의 화폐소득에 대한 비율.

2 거시 경제에서 원인과 결과에 관한 경험적 연구로 2011년 노벨 경제학상을 크리스토퍼 심스와 공동으로 수상한 미국 경제학자.

3 국가가 경제적 목표를 실현하기 위해 필요한 방법과 정책을 만드는 행위.

7 경제의 발전단계를 이론적으로 정리·해명하려는 학설.

8 외국환 거래 시 선물환율과 현물환율 간의 괴리 폭.

11 조세의 부과·징수는 국회에서 제정하는 법률에 의한다는 주의.

13 매출 총이익에서 영업비를 제외한 영업이익을 매출액에 대한 비율로 나타낸 것.

6

						1↓					
		2↓							3↓		
		4→				의	★				
5→		스				★					
		★						6→	획	7↓	
8↓		9→			인						
10→ 마						11↓					
			12→	13↓		법					
				룰							

답 113P

가로 열쇠

1 통화 · 신용의 운영관리와 은행감독에 관한 정책을 수립하고 집행을 위한 규정의 제정과 지시를 발하는 행정위원회적인 성격을 가지고 있는 한국은행 안에 설치되어 있는 합의제 정책결정 기구.

3 기업 간의 생산 · 판매경쟁이 도를 지나쳐서 행해지는 상태.

4 미래의 가치를 사고 파는 것으로 장래 일정 시점에 미리 정한 가격으로 매매할 것을 현재 시점에서 약정하는 거래.

5 타인으로부터 무상으로 이전된 재산을 취득한 사람에게 무상이전 된 재산에 대해 부과되는 조세.

6 사용용도가 명백한 특정 경비에 충당하기 위해 과징되는 조세.

10 과점시장에서 한 기업이 시장가격을 결정 · 변경하는 선도적 역할을 하고, 다른 기업은 선도기업(price-leader)의 행동에 수동적으로 반응하는 식의 의사결정 행동 양식.

12 상태선호이론(state preference theory)에서 가정하는 이상적 증권으로서 어떤 일정한 상태에 따라 기말에 1원과 0원을 지불하게 되는 증권.

세로 열쇠

1 장래의 일정 시점 이전에 옵션매입자가 옵션매도자로부터 선물계약을 매입 또는 매도할 수 있는 권리를 가지게 되는 계약.

2 공급하는 원료의 원산지를 증명할 때 사용하는 서식.

3 과세의 대상이 되는 물건의 목록.

7 납세의무자가 부담하는 세액 중에서 일정금액의 세금을 제하여 주는 것.

8 증권시장 전체의 수익률 변동에 따라 개별기업 주가수익률이 얼마나 민감하게 영향을 받게 되는지를 측정하는 계수.

9 화폐의 대용으로 유통하는 수표인 화폐증권과 주식 · 공채 · 사채 등과 같은 자본증권을 합쳐 부르는 증권.

11 기업이 노동자의 배치전환 · 해고 · 재고용 · 승진 · 휴직 등을 정할 때 근무연한의 우선권을 인정하는 제도.

7

	1↓→					2↓	회				
								3↓→			쟁
4→	물					5→		세			
								6→		7↓ 세	
				8↓		9↓					
						10→		11↓ 선			
			12→	수							

답 113P

가로 열쇠

1 경제학에서 생산물의 가격과 공급량 사이의 관계를 그림으로 나타낸 것.

3 국세 · 직접세 · 보통세에 속하며, 소득세의 성격을 가지는 세금으로 법인의 소득을 과세대상으로 하여 법인에게 부과하는 조세.

6 컴퓨터를 경제학 연구에 본격 활용한 최초의 인물이며 미국의 경제를 수십 개의 경제 부문으로 나누어 산업연관표로 정리한 업적을 인정받고 있는 미국 경제학자.

8 경영의 효율성을 높이고 기업의 경쟁력을 강화하기 위해 한 사업을 독립적인 주체로 만드는 회사 분할을 뜻하는 용어.

9 일정기간 채무의 이행을 연기 또는 유예하는 정부의 조치.

11 전 세계의 저명한 기업인, 정치가, 학자, 언론인 등이 모여 세계경제에 관해 논의하는 권위 있는 국제민간회의로, 매년 스위스 다보스에서 개최되기 때문에 '다보스 포럼'이라고도 불린다.

세로 열쇠

1 국토교통부 장관이 조사 · 평가하여 공시한 토지의 단위면적(㎡)당 가격.

2 1660년에서 1804년 영국에서 곡물의 수출입조정을 위하여 제정된 법령.

4 통화량의 증가로 화폐가치가 하락하고 모든 상품의 물가가 오르는 경제 현상.

5 완전고용과 물가안정을 동시에 추구하는 경제정책은 실패한다는 '필립스 곡선'에 더하여 높은 실업률과 인플레이션률이 공존하는 이른바 '스태그플레이션(stagflation)'을 설명하는 '기대조정 필립스 곡선' 이론으로 인정받은 경제학자.

7 비슷한 선호를 가진 사람들과 함께 지역사회를 구성하는 것이 허용된다면 공공재에 대한 선호의 차이가 야기하는 문제를 해결할 수 있다는 티보우의 이론.

10 제임스 토빈이 주장한 세금으로 모든 국가의 자국 외환거래에 대하여 0.1~0.5% 정도의 낮은세율의 거래세를 부과하는 것.

12 한 나라의 경제가 어떻게 경제성장이 이루어지며 왜 쇠퇴의 길을 걷는가를 밝힌 공로로 93년도 노벨경제학상을 수상한 미국의 경제학자 로버트 ○○.

8

1↓→ 공		2↓										
		3→	4↓ 인									
							5↓ 펠					
			6→	온	7↓							
							8→			프		
					★							
					9→		10↓ 토					
							11→			제	12↓	

가로 열쇠

2 국제간의 결제나 금융거래의 기본이 되는 통화.

3 증권거래소에 상장되어 있지 않은 주식.

6 문화재, 중요 시설물 및 문화적 · 생태적으로 보존가치가 큰 지역의 보호와 보존을 위하여 지정하는 지구.

7 신용이나 충분한 담보가 없는 개인과 법인이 대출을 할 때 신용이 있는 제3자가 그 채무에 대해 보증해 주는 것.

9 국가가 자국 산업의 국제경쟁력을 위해 국내산업을 보호, 육성하면서 무역에 대한 통제를 가하는 정책.

11 가상자본이라고도 하며 화폐소득을 이자로 간주해 시장이자율을 적용하여 자본화함으로써 형성되는 자본.

13 주식이 없는 사람이 주식을 빌려 매도 주문을 내는 것으로, 매도한 주식의 주가가 떨어지면 갚아야 할 돈이 적어지는 것을 이용하여 시세차익을 얻는 주식 투자방법 중 하나. 주가가 떨어질 때 더 유리하다.

세로 열쇠

1 BIS라고도 하며 기업의 자본 건전성을 판단하는 지표.

4 상환기간이 장기인 채권.

5 이윤추구를 목적으로 하는 자본이 지배하는 경제체제.

6 채무불이행으로 채권자가 입게 되는 손해를 보전하기 위해 가입하는 보험.

8 총국민소득의 증가액을 당초의 무역증가분에 대한 배수로 표시한 것.

10 한 나라의 국민경제가 어느 정도 무역에 의존하고 있는가를 표시하는 지표.

12 개인이나 법인이 소유하고 있는 유형 · 무형의 유가치물.

9

1↓										
2→	축									
3→ 비		4↓								5↓
					6↓→					
		7→	8↓		증					
					9→		10↓		주	
							11→ 의		12↓	
					13→ 공					

답 114P

가로 열쇠

1 어음의 발행인이 금액, 만기일, 수취인 등 일부 요건을 어음의 취득자가 기재하여 청구할 수 있도록 유통시키는 미완성 당좌수표.

5 장부가 없는 사업자라도 일정 규모 이상이면 증빙서류를 제출해야 경비로 인정하고, 나머지 비용은 정부가 정한 기준에 따라 적용하는 소득세 기준율을 지칭하는 말.

7 직전월 토지 가격 상승률이 소비자물가상승률의 30%를 초과하고, 직전 2개월 평균 토지 가격 상승률이 전국 평균 토지 가격 상승률의 30%를 초과하는 경우에 기획재정부가 지정하는 지역.

8 납품하기를 원하는 국내외 모든 업체가 인터넷을 통해 구매에 참여할 수 있는 제도.

9 기업, 은행, 국가, 개인 등이 도산 또는 지급불능 등의 상태일 때 구제하기 위해 지원되는 민간 및 공공자금.

11 경기 상황이 실물경제와는 상관없이 과대 팽창되어 있는 상태.

세로 열쇠

2 자본이나 노동력보다는 지식이 경쟁력과 성장의 원천이 되는 경제.

3 토지의 소유자가 장기간 방치하거나 적극적인 사용을 하지 않는 토지.

4 주택투기가 높은 지역에 대해 투기 억제를 위해 정부가 지정하여 관리하는 지구.

6 영리를 목적으로 하지 않는 가계나 교회, 학교, 병원 등의 비영리기관에서 이용되는 회계.

10 금융자산의 시장가치가 예상소득의 현재가치를 넘어서 팽창하는 현상.

10

						1→	2↓				
3↓							식				
휴			4↓				5→			6↓	율
7→			기								
			8→				제				
			9→ 구		10↓						
					11→ 버						

답 114P

가로 열쇠

2 정부나 발행 은행이 발행한 화폐의 총량.

3 기업에서 조업도의 변동과는 무관하게 일정한 금액이 발생하는 것.

5 사업보고서 미제출, 감사인의 의견 거절, 3년 이상 영업정지, 부도발생, 주식분산 미달, 자본 잠식 3년 이상 등의 사유로 증권거래소에서 상장증권의 상장자격을 취소하는 것.

6 증권시장에서 형성되는 개별주가를 총괄적으로 묶어 전체적인 주가를 나타내는 지표.

9 토지, 건축, 주택 등 매매를 통해 얻은 이익에 대하여 부과되는 세금.

10 유가증권 매매와 관련해서 증권회사가 고객에게 현금을 융자하거나 유가증권을 대여하는 것.

11 회계 거래 내역을 기록한 문서.

세로 열쇠

1 채권발행 과정에서 광고를 통해 채권발행을 널리 공고하는 날을 말함.

2 국제무역과 같은 원거리 매매에서 매도인이 대금결제를 위해 매수인을 지불인으로 발행하는 어음.

4 증권거래소에 상장되어 있지 않은 주식.

7 계산한 세액에 가산하여 징수하는 금액.

8 수입업자의 신용을 보증하기 위해 은행이 발행하는 수입신용장을 수출업자가 받는 것.

11

			1↓								
2↓→	폐										
			3→ 고		4↓						
음					5→						
			6→	합		7↓		8↓			
		9→				세		10→ 신			
						11→			부		

답 114P

가로 열쇠

1 세금 공제 후 순이익을 부가가치로 나눈 것을 말하는 세무 용어.

4 경쟁자가 하나도 없거나 점유율이 75% 이상을 차지하고 있는 시장 형태.

6 재화 또는 용역을 공급하고, 이에 대해 부가가치세를 포함하여 거래했다는 사실을 증명하기 위해 공급자에게 발행하는 문서.

8 장부가 없는 사업자라도 일정 규모 이상이면 증빙서류를 제출해야 경비로 인정하고, 나머지 비용은 정부가 정한 기준에 따라 적용하는 소득세 기준율.

10 일정기간 동안의 기업의 경영성과를 한눈에 나타내기 위한 재무제표.

12 고율 관세를 수입품에 적용시켜 같은 종류의 상품을 생산하는 국내 산업을 보호하는 조치.

세로 열쇠

1 임대가 아닌 자가 소유 주택에서 사는 가구의 비율을 말함.

2 자동차를 보유함으로써 부가되는 조세.

3 본등기의 순위보전을 위하여 하는 예비등기.

5 기준금리에 신용도 등의 조건에 따라 덧붙이는 금리.

7 금융자본과 산업자본이 상대 업종을 소유 · 지배하는 것을 금지하는 원칙.

9 기업경영에서 계속적이고 반복적으로 발생하는 손익항목.

11 일 년 중 특정 계절에 한하여 높은 세율을 적용하는 관세.

12

				1↓→		2↓			배	
3↓		4→		점					5↓	
						6→	7↓ 금			
8→ 기		9↓								
									리	
	10→	익	11↓							
			12→			벽				

답 114P

가로 열쇠

1 채무자와의 계속적 거래계약 등에 의해 발생하는 불특정 채권을 일정액의 한도에서 담보하는 저당권.

4 금융 거래 시 실명으로 해야 하는 제도로 1993년 8월 12일 이후부터 도입되었다.

7 납세자가 과세표준확정신고를 할 때 세무사가 내용이 정당하다고 확인한 문서.

10 정보 · 의료 · 교육서비스 산업 등 지식집약형 산업.

12 기간을 정하지 않고 근로계약을 체결한 사람.

14 정해진 기간 동안 일정액을 매월 적립하고 만기일에 약정금액을 지급받는 적립식 예금.

세로 열쇠

2 주가가 어느 수준까지 오르면 대량거래가 형성되면서 가격을 더 이상 오르지 못하고 멈추게 하는 매도 세력이 나타나는 수준.

3 영업시설, 인테리어 비용, 상권, 영업상 노하우 등에 대한 가치를 인정하여 임대를 하고자 하는 임대인이 전 임대인에게 지급하는 관례상의 금전.

5 노년층을 대상으로 하는 산업의 총칭.

6 공장의 재료, 노동력, 경비의 합계를 포함하는 제품의 제조에 소요된 공장원가를 말함.

8 회계 책임자가 회계 사무 집행에 대하여 계산서를 작성하고 증거 서류를 붙여 감사원에 제출하는 일을 말함.

9 납세의무자의 신고가 정당하다는 전제 아래 실지조사를 하지 않고 제출된 신고서류에 근거하여 과세표준을 결정하는 조사방법.

11 금융실명제에 반하여 다른 사람의 이름으로 만든 은행계좌를 말함.

12 외국과의 무역에 필요한 자금을 융통해주고 지원해주는 제도.

13 직급별로 정년 나이를 정해 놓는 제도.

13

1→	2↓ 저		3↓								
			4→		5↓ 실		6↓				
							7→		8↓ 계		9↓
		10→ 4	11↓								
											사
	12↱				13↓ 직						
	역		좌								
					14→						

답 115P

가로 열쇠

2 타인의 부동산 또는 동산을 월세 등의 조건으로 사용하기 위하여 지급하는 보증금.

4 이자소득과 배당소득을 합산해 2천만 원이 넘는 경우 다른 소득과 합산해 기본세율로 과세하는 것.

5 세계 125개국이 참여하여 결성된 경제 기구로, 무역 자유화를 통한 전 세계적인 경제 발전을 목적으로 하는 국제기구.

7 실제자본에 대해 기업에 투하된 명목적 화폐액.

9 기업이 자금조달을 위해 직접 발행하는 채권.

10 일종의 부가가치세와 유사하며 상품을 살 때 부과되는 세금.

12 중간상인이 생산자에게서 상품을 구입해 소매상이나 소비자에게 판매하는 행위.

13 집을 담보로 은행에서 받는 대출.

세로 열쇠

1 개인에게 발생된 각종 소득을 종합해 과세하는 소득세.

3 타인으로부터 무상으로 이전된 재산을 취득한 사람에게 무상이전된 재산에 대해 부과되는 조세.

4 근로소득, 이자소득, 임대소득, 사업소득, 배당소득 등 경상소득을 뜻함.

6 채권자가 표시되지 않는 채권.

8 노동력이 아닌 부동산 · 증권 · 현금 등의 소유에서 발생하는 부동산 소득, 이자소득, 배당 소득 등.

9 예산의 세입과 세출을 구분하고 정리하기 위한 기간, 보통 1년을 기간으로 한다.

11 면허 및 수수료, 징벌 및 몰수금, 변상 및 위약금, 수업료 등의 조세라는 명칭은 붙지 않았지만 조세처럼 국가에 의해 강제적으로 징수되는 주민부담에 해당하는 준조세.

14

		1↓		2→			3↓ 증				
4↱		소									
		5→		6↓			구				
				7→ 명		8↓					
액		9↱ 회									
						10→		11↓ 세			
		12→									
						13→					출

➡ 가로 열쇠

1 기업의 자산과 자본의 증감 및 변화 과정과 그 결과를 계정과목을 통하여 대변(우변)과 차변(좌변)으로 구분하여 이중 기록 · 계산이 되도록 하는 부기 형식.

4 기업들이 문화, 스포츠, 예술 등의 사회 공익사업에 지원하는 활동.

6 사업의 목적이 영리 추구가 아닌 법인.

9 손절매를 뜻하는 영어단어로 손해를 감수하고 매도하는 행위.

11 기업 이익의 일부를 주주에게 배당하지 않고 사업 활동에 재투자하기 위해 사내에 적립해두는 것.

13 소수의 투자자로부터 모은 자금을 주식 · 채권 등에 운용하는 펀드.

15 한 나라의 총수입과 총수출 간의 차.

16 2018년 7월 1일부터 종업원 300인 이상의 사업장과 공공기관을 대상으로 시행된 주당 법정 근로시간을 52시간으로 단축한 근로제.

⬇ 세로 열쇠

1 근로 환경의 개선 및 근로의욕의 향상 등을 위해 지출하는 노무비적인 성격을 갖는 비용.

2 많은 재산을 가진 특정의 상위계층에게 부과한 세금.

3 숫자로 이루어진 인터넷상의 컴퓨터 주소를 영문으로 표현한 것.

5 1971년 2월 8일 첫 거래가 시작된 미국의 벤처기업들이 상장되어 있는 장외주식시장.

7 영업수익과 영업비용의 차액.

8 기업이 재정적 어려움에 있지만 장래 회생 가능성이 있다고 인정되는 경우 법원에서 지정한 제3자가 자금을 비롯한 기업 활동 전반을 대신 관리하는 것을 말함.

10 인기주로 부상할 가능성이 있는 특정 주식들을 묶어 단기간에 고수익을 노릴 수 있도록 고안된 주식형 수익증권.

12 국가가 자국 산업의 국제경쟁력을 위해 국내산업을 보호, 육성하면서 무역에 대한 통제를 가하는 정책.

14 부동산을 담보로 장기주택자금을 대출해주는 제도.

15

		1↱ 복		2↓							
						3↓					
						4→		5↓			
		6→	7↓	리	8↓			9→	톱		10↓
11→	12↓ 보							13→	14↓	펀	
	15→										
									론		
	16→	52									

답 115P

가로 열쇠

1 실업률과 물가상승률 간 상충관계를 보여주는 곡선.

3 영국의 경제학자 케인즈가 주장한 이론으로 저소득층의 소득 증대가 경기 활성화로 이어져 고소득층의 소득도 높이게 되는 효과.

5 법인기업, 협동조합 등이 일정 기간 생산 활동에 참가하여 얻은 이윤.

7 재무정보를 수록한 보고서로 재무제표를 뜻함.

8 오염의 배출 권한을 할당하여 할당된 범위 내에서 오염의 배출을 허가하는 제도.

11 금전을 대여한 경우에 하는 회계처리 계정.

12 납세자의 승낙 여부에 관계없이 검사 · 수색 · 압수할 수 있는 조세 범칙의 강제조사.

14 건물, 기계, 설비, 선박 등 유형 자산의 사용에 따라 기능의 저하와 파손에 대비하여 보수하기 위한 금액을 추산하여 각 사업연도에 그 부담액을 충당하기 위해 설정한 금액.

15 예금주의 요구가 있을 때 언제든지 지급할 수 있는 예금.

세로 열쇠

2 1660년에서 1804년 영국에서 곡물의 수출입조정을 위하여 제정된 법령.

4 납세의무자가 신고 기한 내에 신고했으나 신고사항 중 착오가 있음을 발견하여 이를 수정하여 신고기한 내에 다시 신고하는 것.

6 소득 분배의 불평등을 줄이기 위하여 시행하는 각종 경제정책.

9 주식회사 이외의 기업에 자본출자를 한 것을 말함.

10 공급한 자와 공급받은 자의 인적 사항과 거래 내용, 공급가액, 세액 등이 기재된 명세서.

11 회수가 불가능할 것으로 예상되는 채권을 비용으로 처리하기 위해 공제의 형식으로 계산되는 회수불능 추산액.

13 일정한 목적을 위해 결합한 사람의 단체를 실체로 하는 법인.

16

1→ 필			2↓								
							3→	4↓	효		
			5→		6↓						
					득						
					7→						
					8→	9↓		10↓ 거			
				11↓→ 대							
								12→		13↓	
		14→				금					
										법	
15→		불									

가로 열쇠

2 채무자가 채무를 갚지 못할 때를 대비하여 부동산이나 경제적 가치가 있는 자산을 잡아두고 시행하는 대출.

4 '헤지펀드계의 전설', '헤지펀드의 대부'로 불리는 미국 금융인으로 40년 가까이 퀀텀펀드를 운용해온 펀드 매니저.

6 기준 금리가 변할 때마다 영향을 받는 금리로 시장상황에 따라서 변하는 금리.

8 소관세무서장이 납세자의 일정한 사유로 국세를 납부할 수 없다고 인정하는 경우에 납세의 고지를 유예하거나 결정한 세액을 분할하여 고지하도록 하는 것.

11 기업자금의 수입지출상황을 나타내는 표.

12 각종 자산으로 1년 이상 돈으로 바뀌지 않는 자산.

세로 열쇠

1 물가상승률을 감안하지 않고 표시된 금리.

3 채무자가 현금이 아닌 부동산이나 유가증권 등의 물건으로 채무를 갚는 행위.

4 청부법, 배부법, 국가기관의 직접징수 방법.

5 최종소비자에게 상품을 판매하고 공급하는 것.

7 예상하지 못한 금리변동으로 금융자산의 가치변동위험을 방어하거나 추가이익의 실현을 위해서 이용되는 선택권부 금융선물거래.

9 고정자산에 대응되는 개념으로 1년 이내에 현금으로 바꿀 수 있는 자산.

10 움직일 수 없는 토지, 건물과 그 장착물 등의 자산.

13 회사 등의 법인을 설립하지 않고 개인이 하는 사업으로, 업종은 변호사부터 노점상까지 매우 다양하다.

											1↓
						2→		3↓	출		
	4↓→		5↓ ★	소				변			
								6→		7↓	
	★										
	8→ 징		9↓								
						10↓				션	
			11→			동					
12→		13↓	산								

가로 열쇠

1 기업과 근로자 간에 근로자가 일하는 대가로 지급받기로 약정한 내용을 기재한 계약 문서.

4 은행의 중소기업대출 확대 및 지역 간 균형발전을 유도하기 위하여 한국은행이 낮은 금리로 자금을 지원하는 정책금융.

5 자사 비행기를 이용한 거리에 따라 비행기 무료탑승을 할 수 있도록 하는 고객 확보를 위한 항공사의 판매촉진 프로그램.

6 현재 상장되어 있는 모든 채권에 투자했을 때 기간이 경과함에 따라 발생하는 전 채권의 기간별 투자수익률.

8 일시적으로 자금이 부족한 금융기관이 다른 곳에 자금을 빌려달라고 요청하는 것을 콜(call)이라고 하며 이 콜에 대한 이자율을 지칭하는 용어.

10 복잡한 경제활동 전체를 '경기'로서 파악하기 위해 제품 · 자금 · 노동 등에 관한 많은 통계를 정리 · 통합해서 작성한 지수.

13 세율을 정하는 데 있어 법률이 정한 일정 세율을 초과할 수 없도록 규정하는 것.

세로 열쇠

2 계약자가 가입한 보험 해약환급금의 70~80%의 범위에서 수시로 대출받을 수 있는 제도로 입출금이 자유로운 대출.

3 미국 맥도널드 햄버거 값을 기준으로 각국의 통화가치를 평가한 것.

4 DTI라고 하며 금융부채 상환능력을 따져서 대출한도를 정하는 계산비율.

5 펀드의 투자원금에 손실이 발생할 경우 이를 보전하라는 요구,

7 정부의 세금을 피해 겉으로 드러나지 않는 경제.

9 기계 · 설비 · 기구 등의 물건을 리스회사가 구입해 이용자에게 사용료를 받고 빌려주는 일.

11 부동산 이외의 모든 물건.

12 한 나라가 다른 나라와 이루어진 모든 경제적 거래에서 지불이 수취보다 높은 것을 말함.

18

					1→				계	2↓		
			3↓		4↳					출		
5↳ 마					6→ 채		7↓					
8→		9↓ 리					10→		11↓ 동		12↓	
		13→										
											과	

답 116P

가로 열쇠

1 투자의 귀재라고 불리며 20세기를 대표하는 미국의 사업가이자 투자가.

4 외국인이 국내시장에서 우리나라 통화인 원화로 발행하는 채권.

6 국가 또는 지방자치단체의 운영과 유지를 위해 필요한 경비를 충당하기 위해 국민들이 세금을 내야 하는 의무를 말함.

7 대규모의 교통량을 유발시키는 시설에 부과되는 부과금.

9 주식이 없는 사람이 주식을 빌려 매도 주문을 내는 것으로 매도한 주식의 주가가 떨어지면 갚아야 할 돈이 적어지는 것을 이용하여 시세차익을 얻는 주식 투자방법 중 하나로 주가가 떨어질 때 더 유리하다.

12 이용자의 통장에서 약정 금액을 넘지 않는 한에서 액수에 상관없이 수시로 돈을 빼고 넣을 수 있는 대출제도.

세로 열쇠

1 부도로 쓰러질 위기에 처해 있는 기업 중에서 회생시킬 가치가 있는 기업을 살려내는 작업.

2 2014년 1월 2일부터 시행된 '생애최초 주택구입자금 대출', '근로자 · 서민 주택자금'과 '보금자리론'이 통합된 대출상품으로, 가구원 전원이 신청일 당시 무주택이고, 부부합산 연소득 6000만원 이하면 신청대상이 되는 주택 대출.

3 누가 어느 정도 조세를 내느냐 하는 문제를 말하는 것으로 부과된 조세의 최종 귀착점.

5 중앙은행이 공급하는 현금통화.

8 광고를 통하여 채권발행을 널리 공고하는 날.

10 보험가입자의 부주의를 보험회사가 일일이 감시할 수 없는 숨겨진 행위를 지칭하는 경제학 용어. 금융기관들이 대출심사 시 숨어 있는 기업들의 리스크를 파악하여 손실을 최소화하려는 정책을 의미하기도 한다.

11 스탠더드 앤드 푸어스, 피치와 함께 세계 3대 신용평가 기관 중 하나로 미국에 본사를 둔 세계적인 신용평가회사.

19

1↱ 워		★										2↓
							3↓					
4→			5↓ 본			6→	세					
												련
		7→			8↓ 발							★
					9→		10↓ 도					
									11↓			★
						12→ 마				★		

답 116P

가로 열쇠

1 다우존스사가 시장가격을 평균하여 산출하는 세계적인 주가지수로 미국 30개 대표종목 주가를 산술평균한 지수이며 미국 증권시장 동향과 시세를 알려주는 대표적인 주가지수이다.

3 정부가 조세의 과세표준액을 실지 조사 결정할 수 없는 사람에 대해 독자적으로 징수액을 추계 · 결정하는 것을 뜻하는 세무용어.

5 연말정산에서 기본적으로 1인당 연 150만 원을 공제해주는 제도.

7 은행차입, 주식, 사채발행 등과 같은 경제주체의 자금 활동이 이루어지는 시장.

8 재산권 기타 권리의 취득 · 이전 · 변경 또는 소멸에 관한 사항을 공부에 등기 또는 등록하는 경우에 발생하는 지방세.

10 국가 또는 지방자치단체가 특정한 목적을 위해 주는 보조금의 총칭.

12 자신의 재산을 무상으로 준다는 의사표시를 하고 받는 사람이 승낙함으로써 성립하는 계약.

15 1976년 신용보증기금법에 의해 설립된 준정부기관으로 자금력이 취약한 기업에 대해 신용보증 지원을 해주는 기관.

16 장부가 없거나 증빙서류가 없어 정확한 소득금액을 산정하기 곤란하다고 인정되는 납세의무자의 소득금액을 추계로 결정할 때 수입금액에서 소득금액이 차지하는 비율.

세로 열쇠

1 세계 각지에 자회사 · 지사 · 합병회사 · 공장 등을 확보하고, 생산 · 판매 활동을 국제적 규모로 수행하는 기업.

2 매매 · 대차 · 도급 등을 계약할 때 경쟁계약이 아닌 임의로 상대를 선정하여 계약을 체결하는 것.

4 사업을 시작하는 사업자가 납세의무자로서 정부의 대장에 수록하는 증표.

6 정부가 기업이나 금융기관의 구조조정을 지원하기 위해 마련한 자금.

9 국가를 유지하고 국민 생활의 발전을 위해 국민들의 소득 일부분을 국가에 납부하는 돈.

11 부동산 소유자가 소유권을 신탁회사에 이전하고 신탁회사는 자금과 전문지식을 결합해 신탁재산을 효과적으로 개발 · 관리하여 이익을 돌려주는 제도.

13 해외여행자가 여행 중에 현금 대신 사용하거나 현금으로 교환할 수 있는 수표.

14 특정한 사실 또는 법률관계의 존재를 공적으로 증명하는 행정행위.

20

1↱ 다				★		2↓					
						의					
					3→			4↓		정	
5→		6↓ 공									
		7→						8→ 등		9↓	
10→ 교	11↓										
								12→	13↓		
				14↓							
	15→			증							
							16→		표		

가로 열쇠

1 직접 물건과 물건을 바꾸는 일.

4 경제정세의 분석, 산업동향의 분석, 개별기업 및 개별증권분석 등의 투자자가 성공적인 투자를 할 수 있도록 행하는 작업을 총칭하는 것.

6 임금을 1년 단위로 계약하는 제도로 업무성과에 따라 다음 해 임금이 결정되는 제도.

7 자연환경을 고려하면서 계획적인 토지이용이 필요한 곳을 지정한 지역.

9 법정부담금과 기부금 · 성금 등의 세금은 아니나 꼭 납부해야 하는 부담금.

11 국민이 취득한 외화의 전부를 정부 또는 은행과 같은 특정기관이 강제적으로 사들여 당국이 외화를 집중적으로 보유 · 관리 · 운영하는 제도.

13 소수의 투자자로부터 모은 자금을 주식 · 채권 등에 운용하는 펀드.

14 총수나 그 가족이 지배하는 기업집단을 뜻하는 말로 우리나라에만 있는 명칭.

15 도로 · 항만 · 공항 · 철도 등 교통시설과 전기 · 통신, 상하수도, 댐, 공업단지 등의 생산활동에 직접적으로 투입되지는 않으나 간접적으로 기여하는 자본.

세로 열쇠

2 물가에 맞춰 연동시켜 임금, 금리 등을 결정하는 정책.

3 환율변동에 의한 환차익을 목적으로 하는 환거래.

5 회사의 실적을 좋게 보이도록 회사의 장부를 조작하는 것.

6 FRB라고도 하며 금리 결정, 재무부 채권 매입과 발행, 지급준비율 결정, 통화정책 결정 등의 권한을 가진 미국 연방준비제도(FRS: Federal Reserve System)의 의사결정기구.

8 외국의 자산운용 회사가 국내에서 자금을 모아 외국에 투자하는 펀드.

10 피조사기관의 명백한 세금 탈루 혐의가 밝혀졌을 경우 실시하는 세무조사로 형사처벌이 가능한 조사.

12 제품 생산에 투입물로 사용되는 것으로 통상적으로 가공을 거친 제품을 나타내는 말.

21

	1→	2↓		3↓ 환							
				4→		5↓					
6↓→		제				7→		관			
					8↓						
9→ 준		10↓			11→	환		12↓			
		13→	모					14→ 재			
15→					본						

답 117P

가로 열쇠

1 주가를 인위적으로 등락시키거나 고정시키는 것.

4 설립신고증을 교부받지 않은 노동조합.

6 주주(株主)의 출자로 이루어진 회사.

8 사유재산제도를 인정하지 않고 공유재산제도의 실현으로 빈부의 차를 없애려는 사상.

9 개인이 사업을 통해 얻는 소득.

12 영세한 개인사업자들에게 정부가 정한 부가가치세율에 따라 세금을 부과하는 제도.

14 구입되는 재료나 노동력에 대한 임금 등에 있어 예정한 정상가격의 표준을 말함.

15 기업경영활동의 중요한 자료인 순매입액, 순매출액, 매출원가, 매입에누리액과 환출액, 매출에누리액과 환입액 등을 명확히 하기 위해서 몇 개의 계정으로 분할하여 기장하는 것.

세로 열쇠

1 지방자치단체의 주민에게 부과되는 조세.

2 조세의 부과 · 징수는 반드시 국회에서 제정하는 법률에 의하여야 한다는 주의.

3 은행법에 의해 설립되고 한국은행법과 은행법의 규제를 받는 금융기관으로서 예금을 자금원으로 하여 단기 대출을 원칙으로 하는 은행.

5 계산한 세액에 가산하여 징수하는 금액.

7 회계담당자가 작성한 회계기록을 제3자가 검사하는 것.

10 소득금액을 산정하기 어려운 납세의무자의 소득금액을 추계로 결정하여 결정된 소득금액이 소득세에서 차지하는 비율.

11 원금에 지급된 이자에도 이자를 지급하는 계산 방식의 이자.

13 세무당국이 신고된 과세소득의 검증을 하기 위한 방법 중 하나로 행하는 재무제표분석.

14 부가가치를 계산할 때, 인건비 · 임차료 · 지급이자 · 할인료 · 세금공과 · 영업이익 등 부가가치를 구성하는 항목을 더해 계산하는 것을 말함.

				1↱		2↓ 조					
		3↓									
						4→					
		행		5↓		6→		7↓ 회			
			8→	산							
								9→		10↓	득
	11↓										
	리										
12→			13↓ 세				14↱			준	
			15→				법				

답 117P

가로 열쇠

1 미국연방준비이사회(FRB)가 연방준비법 19조에 따라 정한 은행예금이율의 최고한도규정.

3 '지렛대 효과'라고도 하며 타인이나 금융기관으로부터 차입한 자본을 가지고 투자해 이익을 발생시키는 것.

5 장기간에 걸친 물가하락현상.

7 외국자본과 기술의 국내유치를 유도하기 위해 각종 인프라, 세제 및 행정적 특혜 등을 주기 위해 선정된 특정지역 또는 공업단지.

9 은행과 당좌거래 계약을 체결한 예금주가 계약에 의한 당좌대출한도 내에서 거래 은행을 지급인으로 하는 당좌수표 또는 약속어음을 발행하여 현금지급사무를 은행에 위임하고자 개설하는 예금.

11 LTV라고도 하며 주택의 담보 가치에 따른 대출금의 비율.

세로 열쇠

1 브로커, 딜러, 은행, 기업들이 차입금을 이용하여 상장 주식을 매입하는 것을 규제하는 미국연방준비위원회(Federal Reserve)의 규칙.

2 경제불황과 물가상승이 동시에 발생하고 있는 상태를 말하는 경제 용어.

4 정부의 세금을 피해 겉으로 드러나지 않는 경제.

6 세법에 따라 중간 예납, 원천징수 등으로 납부한 세액이 납부해야 할 세액보다 많은 경우 국가에서 돌려주는 세금.

7 수출품, 수입품, 물물교환품, 비화폐용 금, 외국여행비, 해상항공운임 등이 대상이 되는 자본거래 이외의 거래를 말함.

8 보통배당 이외의 특별히 행하는 배당을 말함.

10 은행의 예금잔액에 대한 대출금 잔액의 비율.

23

				1↓→					Q		
	2↓										
				3→			4↓ 지				
5→ 디											6↓
				G		7↓→		8↓ 특			
								9→		10↓	금
			11→			보					

답 117P

가로 열쇠

2 영국의 고전파 경제학자인 애덤 스미스의 이론으로 개인이 자신의 이익을 위해 경쟁하는 과정에서 자연적으로 조화를 이루며 누가 의도하거나 계획하지 않아도 사회구성원 모두에게 유익한 결과를 가져오게 된다는 사상.

5 외국환은행이 외환 공급자나 수출업자, 외환취득자로부터 외환을 매입할 때 적용하는 환율.

7 시장 또는 기업, 공공기관 등 조직에서 계약 거래 시 한쪽 당사자가 자기만 가진 유리한 조건을 이용해 다른 사람들을 희생시켜 이득을 취하는 것을 뜻함.

8 채무를 진 사람에게 빌려준 돈을 청구할 권리를 가진 사람.

9 수입이나 직업, 자산이 없는 사람들을 뜻하는 말로 미국에서 고위험 채무자에게 이뤄진 대출을 말함.

10 경기침체기에 동원되었던 경기부양 정책을 다시 거둬들여 정상으로 돌려놓는 정책 방안.

12 미국 서부 텍사스 지역에서 생산되는 원유로 세계 3대 원유 중 하나.

14 2008년 9월 15일 뉴욕 남부법원에 파산보호를 신청한 한 투자은행에 의해 글로벌 금융위기의 시발점이 된 사건.

세로 열쇠

1 채무자가 빚을 갚지 못할 상황이 발생할 것을 대비해 채권자에게 채권의 확보를 위해 제공되는 수단.

3 자기가 알고 있는 지식을 다른 사람도 알 것이라는 고정관념에 묶여 새로운 것을 받아들이지 못하는 인식의 왜곡.

4 주가가 더 떨어질 것을 예상하고 손해를 감수하면서 파는 주식.

6 일정한 요건을 갖춘 업체를 미리 심사해 최종입찰에 참가할 수 있도록 하는 제도.

7 상대적으로 투자위험은 크지만 일반적인 수익성보다 높은 사업을 시작하는 데 필요한 자금.

11 소유권이 잘 확립되고 거래비용이 없을 때 시장 참여자가 자발적인 협상을 통해 외부 효과 문제를 효과적으로 해결할 수 있다는 경제학 이론.

12 리스물건에 각종 서비스를 부가하여 행하는 리스.

13 기업의 모든 거래에 증빙서류를 근거해서 계정계산이 행해지는 대차대조표의 작성방법 중 하나.

24

		1↓										
		2→		3↓	★			★	4↓ 손			
									5→	6↓		
				★								
	7↱			저				8→		자		
9→												
								10→				
		11↓										
							12↱					13↓ 유
							비					
		14→ 리										

답 117P

가로 열쇠

2 호경기와 불경기의 반복되는 경기순환 과정을 나타내는 곡선.

5 영업시설, 인테리어 비용, 상권, 영업상 노하우 등에 대한 가치를 인정하여 임대하고자 하는 임대인이 전 임대인에게 지급하는 관례상의 금전.

6 한 나라의 국가위험도 · 국가신용도 · 국가경쟁력 · 국가부패지수 · 경제자유도 · 정치권리자유도 등을 평가한 지표.

7 기업이 자금을 조달하기 위해 발행하는 채권.

10 전쟁이나 혁명, 방만한 정부운영 등으로 물가가 통제를 벗어나 수백%의 인플레이션율을 기록하는 상황.

12 현실에서는 가치를 가지지 않지만 미래의 수익을 낳게 하는, 일명 가상 자본이라고 하는 가공적인 자본의 형태.

세로 열쇠

1 제3자에게 양도가 가능한 정기예금증서로 NCD라고 한다.

2 구직활동이 가능한 취업자 및 실업자를 포함한 만15세 이상의 생산 가능 연령 인구 중에서 노동 능력과 노동력 제공의 의사가 있어 경제활동에 기여할 수 있는 인구

3 외국환 은행이 세계 여러 곳의 은행과 외국환업무에 관한 계약 체결.

4 해상운송계약에 따른 운송화물의 수령, 선적의 인증, 인도청구권을 문서화한 증권.

6 중앙정부가 자금 조달을 위해 발행하는, 만기가 정해진 채무증서.

8 외국기관이 일본 내에 발행하는 엔화표시 채권.

9 대학교수, 변호사, 공인회계사, 언론인, 퇴직관료 등 일정 요건을 갖춘 전문가들에게 기업경영 전반에 걸쳐 전문지식을 구하기 위해 선임하는 기업 외부의 비상근이사.

11 1985년 미국, 프랑스, 독일, 일본, 영국 재무장관들이 모여 미국의 달러화 강세를 완화하려는 목적으로 맺은 합의.

25

												1↓
					2↱			3↓ 환		4↓		
												예
										5→ 권		
		6↱ 국										
7→	8↓											
						9↓						
10→	이			11↓			션					
						사						
				합								
				12→								

답 118P

가로 열쇠

1 80년대 일본의 부동산 시장에 형성된 거품이 무너지기 시작한 1991년부터 2002년까지 일본이 겪었던 극심한 장기침체 기간.

3 어음의 공급과 수요와의 사이에서 성립되는 화폐시장을 통틀어 일컫는 말.

6 일본의 장기불황으로 2000년에 등장한 주부 투자자들. 낮은 금리의 엔화를 빌려 해외의 고금리 자산에 투자해 엄청난 규모의 국제 금융거래로 글로벌 외환시장의 큰 손으로 성장했다.

7 정해진 기간 동안 일정액을 매월 적립하고 만기일에 이자를 포함한 약정금액을 지급받는 전형적인 적립식 예금.

8 영업활동 저하, 가격하락, 감소된 구매력, 수요를 초과하는 공급, 실업증가, 재고 누적, 디플레이션, 공장 감축, 공공불안 등의 특징이 드러나는 경제상황.

9 국제간의 거래에서 자본거래를 제외한 경상적 거래에 관한 수지.

10 채권자인 금융기관이 자금난에 빠진 채무자인 기업에게 빌려준 대출금을 주식으로 전환해 기업의 부채를 조정해주는 방식.

13 도시 가계의 평균적인 생계비 내지는 구매력의 변동을 측정하는 것으로 정부가 경기를 판단하는 기초자료로 사용하는 물가지수.

14 주가 변동이 적고 시장에서 빈번히 유통되고 있는 주식.

세로 열쇠

2 수취한 어음을 어음만기일 이전에 액면가보다 낮은 현금과 교환하는 것을 말함.

4 경제의 성장률이 점차 감소되고 경제가 파국상태에 이르게 될 위험이 있는 상태를 지칭하는 이론.

5 런던의 신뢰도가 높은 은행들끼리의 단기적인 자금 거래에 적용하는 대표적인 단기금리.

8 인건비 · 물건비 등 국가에서 매년 정기적으로 필요로 하는 재화와 서비스의 구입을 말하는 것으로 경상비라고도 한다.

9 경제가 급격한 혼란 상태에 빠져 산업이 침체하고 파산자가 속출하는 현상.

11 수출입은행이 일정규모의 신용한도(Credit Line)를 설정한 외국금융기관에 대해 우리나라 제품을 수입하는 그 나라 기업들에게 이자금을 빌려주게 하여 수입대금을 결제하게 함으로써 우리나라 제품을 손쉽게 구입할 수 있게 하는 구매자신용제도의 일종.

12 일반 가계가 사채를 제외하고 빌린 모든 빚.

26

				1→	2↓			★	십		
					3→			4↓			5↓
6→					인						
								7→ 정			
					8↓→						리
		9↓→			지						
					10→		11↓				
									12↓ 총		
		황			13→		자				
									14→		

답 118P

가로 열쇠

2 경제여건이 다른 국가들이 오랜 시간이 지나면 서로 비슷한 성장을 달성하여 결국 다 같이 잘 살게 된다는 경제성장 가설.

4 자산의 위험도에 따라 자산을 분류한 후 각각의 가중치를 곱해 총 자산을 구하는 방식.

5 투자의 리스크를 최소화하기 위해서 다양한 종목의 증권에 나누어 투자하는 것.

8 중앙은행이 공급하는 현금통화.

11 가입자가 노령 · 장애 · 사망, 퇴직 등으로 소득원을 잃을 경우 일정한 소득을 보장하는 제도로 88년 1월 1일부로 실시됐다.

12 경쟁에서는 이겼지만 과도한 비용으로 인해 위험에 빠지거나 후유증을 겪는 상황.

세로 열쇠

1 자산 또는 포트폴리오에서 기대되는 수익률.

3 어떤 물건을 만드는 데 들어가는 재료가 되는 자재.

4 일정기간의 투자수익률이 예상되지 않고 불확정적인 투자자산.

5 과세되는 소득 중 특정소득을 종합과세에서 분리하여 소득 지급 시마다 특정세율(원천징수세율)을 적용하여 별도로 과세하는 것.

6 생산수단이 사유재이며 이윤추구를 목적으로 하는 자본이 지배하는 경제체제.

7 은행예금, 임금, 가격 및 이자율 등을 물가지수에 연동시켜 물가상승으로 인한 실물가치의 하락과 구매력 감소를 보상하는 제도.

9 돈의 총량을 중앙은행이 공급하는 본원통화로 나눈 수치를 말함.

10 자국의 정치적 · 경제적 지배권을 다른 민족 · 국가의 영토로 확대시키려는 국가의 충동이나 정책을 말함.

27

						1↓							
					2→								
			3↓ 원										
	4↓→												
5↓→	산		6↓									7↓	
			8→ 본		9↓					10↓			
										11→ 국			
					12→ 승			★					
												제	

가로 열쇠

2 국가의 주권을 가진 국민에 의해서 행해지는 정치제도.

4 소득세의 과세표준을 산출하기 위해서 소득액 중 법으로 정한 일정 금액을 차감해주는 제도.

6 18세기 중엽 증기기관의 발명으로 인해 영국에서 시작된 기술혁신과 사회 · 경제 구조의 변혁시기.

8 금융기관 이외의 민간부문이 보유하는 현금과 예금통화의 양이 점점 줄어드는 것을 말함.

9 '채무불이행'이라는 뜻으로 공 · 사채나 은행융자 등에 대한 이자 지불이나 원리금 상환이 불가능해진 상태.

10 개인이 느끼는 제품의 가치에 따라 지불할 용의가 있는 최대 가격.

12 일정한 자산의 취득에 대하여 부과되는 조세.

세로 열쇠

1 기업 가치가 상대적으로 저평가됨으로써 낮은 가격에 거래되는 주식.

2 민간에서 일어나는 소비량의 증감폭을 나타낸 지표.

3 영국 북해 지역에서 생산되는 원유로 세계 3대 유종 중 하나이며 유럽과 아프리카 지역에서 거래되는 원유 가격을 결정하는 기준 원유.

5 금융기관들 사이의 단기 금융 거래 시장인 콜시장에서 대량의 자금을 공급하여 콜금리를 거의 제로에 가깝도록 유도하는 금융정책,

7 실질적 가치와는 상관없이 표시되어 있는 가격으로 통용되는 화폐.

11 주식 시장에서 가격 변동이 거의 없이 그대로 유지되는 시세를 가리키는 용어.

28

								1↓		
							2↓→	주		
		3↓								
							4→			5↓ 제
		6→ 산			7↓					
		★								
				8→						
							률			
9→	폴									
		10→	11↓		격					
	12→	득								

답 118P

가로 열쇠

3 특정 상품을 사며 동일 상품 소비자로 예상되는 집단과 자신을 동일시하는 현상.

4 석유 생산이 최고점에 이르는 시점. 최고점 이후 석유생산이 하락하는 가운데 세계경기는 대공황을 맞으며 인류는 대규모 기아사태에 처하게 된다는 이론.

8 아시아 지역의 금융 · 통화 위기에 대처하기 위한 국제기구.

10 재무관리에 대한 고도의 지식과 기술.

11 본원적예금×(1－지불준비율)÷지불준비율.

12 계약관계 시 권한을 위임해주는 주인과 위임받는 대리인 간에 거래에 대한 정보의 양이 달라 대리인이 최선을 다하지 않는 '도덕적 위해'가 발생해 주인이 피해를 보는 상황.

세로 열쇠

1 생산 또는 소비가 일정 수준에 도달하고 나면, 현재보다 낮았던 이전으로 돌아가기 힘든 현상.

2 금융(finance)'과 '기술(technology)'이 결합한 서비스를 말하는 것으로 예금, 대출, 자산 관리, 결제, 송금 등 다양한 금융 서비스가 IT, 모바일 기술과 결합된 새로운 유형의 금융 서비스.

3 총통화량에서 정부가 발행한 지폐나 주화인 본원통화를 뺀 값으로 통화량이 증가하는 효과를 발휘하는 금융상품.

5 국제석유가격의 상승으로 인해 발생한 세계 각국의 경제적인 혼란.

6 완제품이 아닌 조립형 가구를 완성하면서 더 큰 만족을 느끼는 상황에서 비롯된 이론으로 소비자들이 불편을 감수하고 자신의 노력이 투입된 제품에 대해 더 만족하는 현상.

7 보아뱀이 코끼리를 집어삼키는 모습에 빗대어 말하는 용어로 작은 회사가 큰 회사를 인수 · 합병하는 것.

9 어떤 선택으로 인해 포기한 것에서 얻을 수 있는 이익을 말함.

11 개인 및 기업의 신용을 담보로 대출받는 것.

29

												1↓	
	2↓												
								3↱				효	
4→	크	5↓		6↓									
						7↓ 보							
				8→				화	9↓				
10→				효									
								11↱				액	
					12→		★	대			★		

답 119P

가로 열쇠

1 기축통화의 발행국인 미국이 통화량을 늘리거나 줄이는 것에 상관없이 기축통화의 특성상 국제수지 적자가 계속되는 현상.

3 끓는 물에 집어넣은 개구리는 바로 뛰쳐나와 살지만, 찬물에 넣어 물을 서서히 데우면 개구리는 조만간 직면할 위험을 인지하지 못해 결국 죽게 된다는 이론으로, 미국 코넬대에서 시행한 개구리 실험이다. 흔히 변화에 대응하지 못할 경우 큰 화를 입을 수 있음을 비유적으로 나타내는 말.

7 할인하여 발행되는 채권.

8 국내경기의 조정이나 단기자본의 국제이동 억제를 목적으로 금리의 인상을 꾀하는 정책.

9 1997년도에 도입되어 운영되고 있는 제도로서 중소기업이 어음부도에 대비하기 위해 보험에 가입하여 어음이 부도처리될 경우 보험금을 지급하는 제도.

11 기업이 상거래를 위한 것이 아닌 순수하게 돈을 빌리기 위해 발행하는 어음.

12 '경제성의 원리'(Principle of economy)라고도 부르는 말로 똑같은 결과를 낳는 두 개의 이론이 있을 때 간단하고 단순한 것이 훨씬 훌륭하다는 원칙.

13 어떤 결정상황에 대한 실행 후 발생하는 비용 중 다시 회수할 수 없는 비용.

세로 열쇠

2 모자란 돈을 타인에게 빌려서 투자해 수익률을 극대화시키는 투자 방법.

4 은행이 지급인으로서 인수하고 서명한 환어음.

5 주식투자자가 많은 사람들이 몰리는 투자 종목에 투자하는 현상과 같이 정보를 가지고 있지 않은 상태에서 오로지 다수의 사람들이 하는 선택을 따라하는 현상.

6 제도권 금융회사와 거래할 수 없는 저소득자와 저신용자를 대상으로 한국에서 실시하는 소액대출사업.

8 아시아를 정복한 알렉산더 대왕의 일화에서 파급된 이론으로 복잡한 매듭처럼 풀기 힘들 것 같은 문제들의 허점을 찾아내거나 발상 전환을 통해 오히려 쉽게 풀 수 있는 문제를 비유하는 말.

10 부당한 행위에 대항하기 위해 정치 · 경제 · 사회 · 노동 분야에서 조직적 · 집단적으로 벌이는 거부운동.

30

			1→				2↓ 레						
		3→	4↓ 은	★				★			5↓		
6↓		7→ 할											
									8↱		리		
			9→		10↓	험							
11→ 융													
							12→			★	면		
									★				
									13→			용	

가로 열쇠

2 투자자에게 장래에 지분을 취득할 수 있는 권리를 부여한 증권의 일종.

5 채권을 만기에 상환하지 않고 상환이 연기된 채권.

9 온라인상에서 어떤 정보를 숨기거나 삭제하려다가 역효과를 내어 오히려 사람들에게 널리 퍼져버린 것.

10 금융기관에서 대출을 받아 이전의 대출금이나 연체금을 갚는 제도.

11 1930년 루스벨트 대통령이 대공황에 빠진 미국 국민들을 벽난로에 둘러앉아 이야기하듯 라디오를 통해 설득했던 담화.

세로 열쇠

1 여성과 소수민족 출신자들의 고위직 승진을 막는 조직 내의 보이지 않는 장벽.

2 제재 국가와 거래하는 제3국의 기업과 은행, 정부 등에 대해서도 제재를 가하는 방안.

3 어떤 집단에 속하는 구성원의 개인별 집단 공헌도가 집단 크기가 커질수록 점점 낮아지는 경향

4 임대차 계약에 의해서 임차인이 토지를 사용하고 수익하게 할 수 있는 권리.

6 채무를 해마다 일정액씩 나누어서 지급하는 변제방법.

7 절대 일어날 것 같지 않은 상황이 일어나는 것을 의미하는 경제 용어로 미국의 나심 니콜라스 탈레브가 2007년 동명의 저서에서 서브프라임 모기지 사태를 예견한 이후 경제 분야에서 널리 사용되고 있는 용어.

8 포화 상태의 시장이 형성되어 경쟁자가 매우 많은 특정 산업의 시장을 부르는 말.

10 제3자가 채무자 대신 변제해준 뒤 구상권을 취득하여 행사하는 권리.

31

											1↓		
			2↓→					3↓					4↓
								5→		6↓			권
7↓								★					
랙					8↓			효					
9→			이			★				환			
									10↓→				
									위				
								11→			담		

답 119P

가로 열쇠

2 사람들이 약자를 응원하게 되는 현상.

4 소수의 투자자로부터 자금을 모집하여 운영하는 일종의 사모펀드.

5 끊임없이 발전하는 경쟁 상대에 맞서 지속적인 노력을 통해 발전하지 못하는 주체는 결국 도태된다는 가설로 루이스 캐럴(Lewis Carrol)의 동화 《거울 나라의 앨리스(Through the Looking-Glass)》에서 유래되었다.

9 이론상 앞서 가는 거북이를 따라 잡을 수 없는 아킬레우스의 이야기에서 유래된 이론으로 정부의 경제정책은 경제문제를 완벽히 해결할 수 없어 부작용을 해소하는 새로운 대안을 제시해야 하는 데 이렇듯 새로 만들어진 경제정책이 부작용을 뛰어넘을 수 없다는 것을 의미하는 이론.

10 경제지표를 평가하는 과정에서 기준시점과 비교시점의 상대적인 수치에 따라 그 결과에 큰 차이가 나타나는 현상.

11 완전경쟁 시장에서는 동일 제품은 동일한 시장에서 동일한 가격으로 판매되어야 한다는 법칙.

세로 열쇠

1 영국의 채권시장에서 외국의 정부나 기업이 발행하는 파운드화 표시 채권.

3 주식을 너무 많이 발행하여 주가가 압박받는 현상.

4 물질적 쾌락을 추구할수록 진정한 행복을 얻기 어렵다는 이론으로 상품 구매 시 자기만족을 위한 명품 구매의 만족도는 금방 떨어지기 쉽다는 내용의 영국의 헨리 시지윅의 이론.

6 법인을 설립하기 위하여 하는 등기.

7 합리적인 경제주체들이 인플레이션율을 반영하여 화폐액을 기준으로 계산한 원금 대비 이자의 비율인 명목이자율을 정하기 때문에 장기적으로 실질이자율은 안정적이라는 주장.

8 금전적 거래 없이 한 경제 주체의 행위가 다른 경제 주체에게 기대되지 않은 혜택이나 손해를 발생시키는 현상.

32

									1↓			
							2→		독	★		3↓
						4↓→		편				
												행
	5→		★			의	★		6↓			
			7↓			★					8↓	
	9→		의	★					10→ 기			
			★									
11→				★	법							

가로 열쇠

2 주가의 정해진 규칙성을 찾을 수 없기 때문에 주가 예측이 불가능하다는 주장.

3 '저축의 역설'이라는 케인즈의 경제이론으로 경제 불황상황에서 개인의 저축은 오히려 국가경제를 침체의 늪으로 빠지게 할 수 있기 때문에 경기부양을 위해서라도 소비를 늘려야 하며 국가는 재정적자를 감수한 지출을 해야 한다는 이론.

7 특정 브랜드 상품의 수요가 늘어나면 구매자들이 느끼는 상품의 가치가 높아지는 효과.

9 전화를 이용하여 개인정보를 알아낸 뒤 이를 범죄에 이용하는 전화금융사기 수법.

10 인기주로 부상할 가능성이 있는 특정 테마군의 주식들을 소규모로 묶어 단기간에 고수익을 노릴 수 있도록 고안된 주식형 수익증권.

11 과거의 경험에 의해 충분히 예상되는 위기임에도 불구하고 적절한 대응책을 마련하지 못하고 있는 상황을 일컫는 경제 용어.

세로 열쇠

1 경기과열 또는 경기침체에 대응하기 위한 정부의 시장개입이 과도하거나 일관성이 없을 경우 발생하는 역효과를 경고하는 말로 노벨 경제학상 수상자인 미국의 프리드먼의 이론.

3 풍선의 한쪽을 누르면 다른 한쪽이 부푸는 것처럼 국가의 경제정책으로 인하여 다른 부작용이 발생하는 것을 말하는 경제이론.

4 여러 가지 크고 작은 악재들이 동시다발적으로 일어남으로써 직면하게 되는 매우 심각한 상태의 초대형 경제위기를 일컫는 말.

5 먹잇감을 위해 두려움을 이겨내고 첫 번째로 바다에 뛰어드는 펭귄에서 유래한 이론으로 불확실하고 위험한 상황에서 한 기업이 아이디어나 기술력을 바탕으로 새로운 시장을 개척함으로써 다른 기업들의 진출 발판을 마련하게 되는 선구자적 도전정신을 일컫는 경제 용어.

6 과거 영국에서 크리스마스 다음 날인 12월 26일을 휴일로 삼고 하인들에게 선물을 하는 전통에서 유래한 것으로 파격적 할인가로 제품을 판매하는 크리스마스 전후의 쇼핑 시즌.

8 이미 체결된 계약이나 앞으로 체결할 다른 계약서의 제반 조항을 이행하지 않을 경우 본 계약 위반으로 간주한다는 조항을 말함.

12 공모되는 증권이 투자자들에게 전액 분배되는 것을 말함.

33

									1↓				
							2→		워				
					3↓→		★			★		곤	
	4↓								★				
											5↓		6↓
7→			8↓	효					9→		스		
	톰		10→ 스										이
	11→				12↓ 완								

답 120P

가로 열쇠

1 인플레이션 발생 시 재화 혹은 서비스의 판매가격을 조정하는 데 들어가는 모든 사회적 비용을 뜻하는 용어.

4 미국의 11월 넷째 주 목요일은 추수감사절로, 다음날인 금요일은 일 년 중 최대의 세일기간이다.

6 제품 가격 변동으로 인한 제품 구매량 변화를 크게 상대가격과 실질소득 변화에 의한 부분으로 나누어 분석하는 것을 일컫는 말.

7 교육재정의 확충에 필요한 재원을 확보하기 위한 조세.

8 사회 총체적 만족도가 극대화됨으로써 경제 주체들 간 자원배분을 달리해도 더 이상 사회총체적 만족도가 커질 수 없는 상황을 의미하는 경제 용어.

세로 열쇠

1 통신 네트워크의 가치가 그 이용자 수의 제곱에 비례한다는 법칙을 말함.

2 작은 원인이 큰 결과로 이어지는 현상을 은유적으로 표현하는 말로 복리이자가 그중 하나이다.

3 소비자가 일단 어떤 상품 또는 서비스를 구입하여 이용하기 시작하면 다른 유사한 상품 또는 서비스로 바꾸는 것이 어렵게 되는 현상. 예로는 자동차 구입 시 자동차를 팔 때까지 구입한 자동차 회사 부품을 계속 사용할 수밖에 없는 상황을 들 수 있다.

4 레드오션의 반대되는 개념으로, 알려져 있지 않거나 경쟁자가 없는 새로운 시장을 말한다.

5 별다른 노동력이나 경제활동 없이 얻은 이익에 대한 조세.

7 A통화와 B통화 간의 환율을 알고 A통화와 C통화 간의 환율을 알면 B통화와 C통화 간의 환율을 구할 수 있는데 이렇게 구해진 환율.

		1↱ 메										
						2↓					3↓	
4↱ 블									5↓		쇠	
											★	
		★	6→			과		★				과
							7↱		세			
			8→			효						

답 120P

가로 열쇠

2 경쟁자가 없는 블루오션 시장에 존재하는 소비자를 일컫는 말.

4 증권의 거래가 딜러의 매입과 매도를 통하여 이루어지는 시장.

5 신주 인수권자가 청약 기일까지 청약하지 아니하거나 청약 후 납입일에 돈을 내지 않아 인수되지 않은 주식.

7 주가의 움직임과 주식시장의 추세를 기술적으로 분석한 이론으로 미국의 통신사인 다우존스사의 창설자 찰스 다우 등에 의해 고안, 발전된 이론.

9 한 그룹이 금융기관으로부터 대출을 받을 때 그룹 내의 다른 기업이 대출에 대한 채무를 보증해주는 행위.

11 일정한 재산에 대하여 부과되는 조세.

12 원유와 철광석, 금, 구리 등 원자재 가격 변동에 민감한 통화를 말하는 것으로 원자재 수출이 많은 호주, 캐나다, 뉴질랜드, 남아프리카공화국, 노르웨이, 러시아 등의 통화가 속한다.

세로 열쇠

1 시장에 맡겨 둘 경우 효율적 자원 배분이 불가 또는 곤란한 상태를 가리키는 말.

2 주식을 대량으로 보유한 매도자가 사전에 매도 물량을 인수할 매수자를 구해 시장에 영향을 미치지 않도록 장이 끝난 이후 지분을 넘기는 거래.

3 상품화 계획이라고도 하며 시장조사로 수요 내용에 적합한 상품 또는 서비스를 알맞은 시기와 장소에서 적정가격으로 유통시키기 위한 일련의 시책으로 마케팅 활동의 하나이다.

4 상품보유를 위한 자금제공을 그 목적으로 하는 딜러에게 제공되는 은행대부.

6 회사가 자사의 주식을 취득하여 없애는 것으로 발행 주식수를 줄여 주당 가치를 높이는 방법을 통해 주주이익을 꾀하는 기법.

8 기업의 채무상환능력을 나타내는 지표.

10 자국 상품에 불리한 대우를 하는 국가의 상품에 부과하는 보복의 성격을 가진 관세로 차별관세 중 하나.

11 유동자산 중 상품이나 제품과 같이 재고를 확인할 수 있는 자산.

									1↓		
2↱			3↓ 머			4↱					
									5→		6↓ 주
딜			7→		8↓	론			패		
					9→				10↓ 보		
							11↱	산			
						12→ 원					

답 120P

가로 열쇠

2 대량 생산을 할수록 상품가격이 낮아지는 상품의 특성상 대규모 생산성을 갖춘 기업을 따라가지 못하고 후발기업이 도태되어 자연스럽게 생겨난 독점시장.

4 인간이 욕망을 충족시키기 위해 일상생활에서 직접 소비하는 재화.

7 관세를 매기지는 않지만 수입량 조절이나 수입절차를 강화해서 자국의 산업을 보호하는 보호무역.

8 미꾸라지의 생기와 생명력을 유지시킬 목적으로 메기를 미꾸라지 무리에 넣는 것에서 유래한 것으로, 막강한 경쟁자의 존재가 다른 경쟁자들의 잠재력을 끌어올리는 효과를 말하는 경제 용어.

9 거대 금융세력들이 주식이나 자산 가격 등을 인위적으로 조절해 거품을 형성시킨 후 자금 회수 등으로 폭락을 유도하고 이를 싼 값에 매입해 가격이 오르면 매도해 차익을 이룬다는 용어.

10 외국계 자본이 국내 금융시장을 장악하는 현상으로 영국의 유명한 테니스 대회에서 자국선수가 아닌 외국선수들이 우승을 차지하는 것에서 유래된 경제 용어.

11 정상예산, 통상예산, 당초예산으로도 부르며 회계연도 개시 전에 기본예산을 편성해 국회에 제출하는 연간 예산을 말한다.

세로 열쇠

1 석유, 구리, 금 등의 산업의 원료가 되는 재료를 사고 파는 장.

3 점포 형태가 출현하여 사라지기까지의 전 과정의 시기를 말함.

5 나비의 날개짓이 태풍을 유발하는 원인이 될 수 있다는 이론으로 작은 변화가 예상치 못한 큰 결과를 낳을 수 있다는 이론.

6 행동경제학자 대니얼 카너먼과 아모스 트버스키가 발표한 공동논문에서 유래한 이론으로 동일한 사안에 대해 제시되는 방법에 따라 사람들의 해석이나 의사결정이 달라지는 인식의 왜곡 현상을 가리키는 말.

9 외국인에 의해 미국 자본시장에서 발행 · 판매되는 달러화 표시 채권.

36

									1↓			
									2→			3↓ 점
							4→ 소					
						5↓						
				6↓ 틀		7→				벽		
			8→			과			9↓→			
10→		던							11→ 본			

답 120P

가로 열쇠

1 재화의 생산에 필요한 노동에 수반되는 고통이 재화의 소비에 의해 얻어지는 만족을 넘어서는 상태.

2 발권은행이 발행하는 지폐.

5 여러 명의 입찰자를 경쟁시켜 낙찰자를 선정해 계약을 성립시키는 입찰방법.

6 조합, 합명, 합자, 유한회사 등 주식회사 이외의 기업에 자본출자를 한 것.

8 제품, 외상매출금 등이 신규로 바뀌는데 며칠 걸리는가를 나타내는 경영분석의 기초를 이루는 분석방법의 하나.

12 제품, 외상매출금 등이 신규로 바뀌는데 며칠 걸리는지 기간을 말하는 것으로 경영분석의 기초를 이루는 분석 방법 중 하나.

10 주가가 과도하게 상승해 매수가 약화되면서 주가의 상승폭이 적어지는 경우에 형성되는 것으로 주식의 기술적 분석 중 패턴의 하나.

11 소비된 가치의 크기.

12 경쟁상대의 반응을 고려해 최선의 행위를 결정해야 하는 상황에서 의사결정 행태를 연구하는 경제학 및 수학 이론.

세로 열쇠

1 우리나라의 발권은행이자 중앙은행.

3 채권은행이 피채권자에 대한 대출위험의 크기를 말하는 것.

4 제조나 판매를 위한 재료 구입을 말함.

5 경기 순환곡선에서 나빠졌던 경기상황이 서서히 좋아지는 구간.

7 금융기관 사이의 자금이동이 실시간으로 처리되는 전산시스템.

9 경비 중에서 직접경비를 뺀 모든 경비.

37

1↓→	계												
2→ 은				3↓									
											4↓		
				험					5↓→ 경				
				6→		7↓ 금			8→			9↓ 간	
						10→				형			
												11→	
				12→			론						

답 121P

가로 열쇠

1 적대적인 기업의 인수합병을 막기 위해 경영진이 퇴직할 때 거액의 퇴직금을 지급하는 방법 등으로 회사 가치를 떨어뜨리는 전략.

4 콜럼버스가 달걀을 세운 이야기에서 유래된 용어로 단순하고 쉬워 보이지만 쉽게 떠올릴 수 없는 뛰어난 아이디어나 발견을 의미한다.

5 판매자의 눈속임 전략에 속지 않고 합리적 소비패턴을 고수하는 까다로운 소비자를 말하는 용어.

8 어떤 상품의 가격이 시장 간에 서로 다를 때 가격이 싼 시장에서 매입해 비싼 시장에 매도함으로써 매매차익을 얻는 거래행위.

9 정부의 확대 재정정책으로 이자율이 상승하여 민간소비와 투자 활동을 위축하는 효과.

10 법률지식이 부족하거나 경제적으로 어려움에 처해 있어 법의 보호를 충분히 받지 못하는 사람들을 돕기 위한 제도.

12 인터넷 경제의 3원칙 중 하나로, 마이크로칩의 밀도가 2년마다 2배로 늘어난다는 법칙.

세로 열쇠

1 경제가 높은 성장을 이루고 있더라도 물가상승이 없는 이상적인 경제상황을 말하는 것으로 '곰 세 마리' 동화에서 유래된 경제 용어.

2 대기업의 성장을 촉진시킴으로서 중산층과 중소기업을 포함한 저소득층에까지 그 효과가 돌아가 경제 활성화가 이루어진다는 경제이론.

3 사회 구성원 각자에게 공공재의 지불 의향 가격을 자발적 비용으로 지불하도록 할 경우, 사회적으로 가장 바람직한 최적의 공공재가 공급될 수 있다는 의미.

4 콜 시장에서 결정되는, 콜에 대한 이자율.

6 경제학자인 아서 피구가 케인즈의 소득 효과를 반박하면서 주장한 이론으로 물가 하락에 따른 자산의 실질가치 상승이 경제주체들의 소비를 증가시키게 되는 효과.

7 복리를 전제로 자산이 두 배로 늘어가는 데 걸리는 시간 계산 방식.

9 두 나라 사이에 협정을 맺어, 일정기간 서로 수출을 균등하게 하는 무역.

11 지정된 물품 수입의 급격한 증가나 국내시장 교란, 산업기반의 붕괴 위험성 등의 문제로 일정기간 동안 세율을 조정해 부과하는 일시적인 관세.

38

					1↱					2↓		
					락			3↓				
		4↱					★	달		★		
	5→		6↓	킹								
					7↓ 72				8→	정		
9↱			과		★							
					10→			11↓ 조				
12→			★	법								

답 121P

가로 열쇠

4 조직구성원 개개인의 지식이나 노하우를 체계적으로 발굴하여 조직 내의 보편적 지식으로 공유함으로써, 조직 전체의 문제해결 능력을 비약적으로 향상시키는 경영방식으로, 예측할 수 없을 정도로 급격하게 변하는 경영환경 속에서 기업의 생존과 경쟁력을 갖추게 하는 경영.

5 사용자가 노동력을 제공한 사람에게 상응하는 수입이나 소득을 줄 때 상대방이 내야 할 세금을 대신 미리 징수하고 납부하는 조세 징수방법 중 하나.

7 자신의 능력으로 감당할 수 없는 빚을 진 채무자를 구제하기 위해 법원이 절차를 거쳐 채무를 변제해주는 제도.

8 사망으로 무상 이전되는 재산에 대해 부과되는 조세로 국세이며 직접세에 해당함.

11 조직에서 어떤 직책의 적임자를 선택할 때 직무수행 능력보다 지원자의 업무성과에 기초해 평가하는 경향이 높다는 원칙으로, 조직 내에서 모든 구성원은 무능이 드러날 때까지 승진하려는 경향이 있음을 나타내는 용어.

세로 열쇠

1 미국 맥도날드 대표 상품인 빅맥의 판매가격을 기준으로 하여 각국의 상대적 물가수준과 통화가치를 비교하는 지수.

2 여성과 소수민족 출신자들의 고위직 승진을 막는 조직 내의 보이지 않는 장벽.

3 예산이 성립한 후에 생긴 부득이한 사유로 인하여 이미 세입이 줄거나 예기치 못한 상황이 발생할 때 성립된 예산에 변경을 가하는 예산.

6 어떤 일이든 주어진 시간이 소진될 때까지 늘어진다는 법칙으로 경제학적으로는 자원의 수요는 공급과 일치할 때까지 늘어난다는 추론과 지출은 수입과 일치할 때까지 늘어난다는 추론을 만들어냈다.

7 채권 · 통화 · 주식 · 원자재 등을 기초자산으로 하여 기초자산의 가치변동에 따라 가격이 결정되어져 만들어진 금융상품.

9 사유재산에 대한 정치적 간섭이나 조세중압을 피하기 위해 개인들이 재산을 도피시키거나 금융기관 유치를 위해 세제면에서 우대조치를 설정한 곳으로 버진군도, 파나마, 스위스 등이 있다.

10 '풍요속의 빈곤'이라고도 하며 개인의 저축이 오히려 국가경제에는 도움이 되지 않아 소비위축과 경제성장을 저하시킨다는 케인즈의 경제 이론.

39

			1↓ 빅								
	2↓				3↓						
			4→		경						
5→	천									6↓	
				7↓→ 파							
				8→		9↓ 세		10↓			
										★	
						11→		의	★		
								★		칙	

답 121P

➡ 가로 열쇠

2 자유 경쟁 시장에서 수요와 공급이 일치되는 점에서 시장 가격과 균형 거래량이 결정된다는 원칙.

4 입찰 참가자에게 보증금을 미리 내도록 하여 낙찰자가 계약의 체결을 거절할 경우 그 보증금을 몰수함으로써 부실업자의 응찰을 방지하기 위한 것.

7 증권회사가 고객으로부터 주문을 받아 행하는 유가증권의 매매.

9 상품의 수량이나 중량을 기준으로 세율을 결정하는 내국세 또는 관세.

10 특정한 권리를 이용하려는 이용자가 특허권 · 실용신안권 · 상표권 등의 권리를 가진 사람에게 지불하는 사용료.

11 고문 회사, 투자 신탁 회사, 신탁 은행 등에서 자산 운영 업무를 전문적으로 하는 사람.

12 특허권, 실용신안권, 상표권 및 의장권을 총칭하는 산업상 이용가치를 갖는 발명 등에 관한 권리.

⬇ 세로 열쇠

1 상품의 가격과 수요량의 관계를 그래프로 나타낸 것.

3 입찰에 참가하고자 하는 모든 자격자가 입찰서를 제출할 수 있고 참가 입찰자 중 가장 유리한 조건을 제시한 자를 선정하는 입찰방법.

5 자국 상품에 불리한 대우를 하는 국가의 상품에 부과하는 보복의 성격을 가진 관세로 차별관세 중 하나.

6 화폐단위와 금의 일정량의 가치가 등가관계를 유지하는 본위제도.

8 국가별 거시경제의 흐름과 정부 정책 변화를 예측하여 각국의 환율이나 파생상품 등에 투자하는 펀드.

9 부동산 보유 정도와 비율에 따라 조세 부담을 매기는 국세로 주택과 토지에 부과되는 세금을 합한 금액.

40

	1↓											
2→			★	3↱		의	★					
	선											
			4→		5↓ 보		6↓					
							7→		8↓ 매			
			9↱	량								
									10→		티	
								11→		매		
			12→ 산									

답 121P

➡ 가로 열쇠

2 외화자금의 수급조절을 위해 정부가 발행하는 채권.

4 대기업의 성장을 촉진시킴으로서 중산층과 중소기업을 포함한 저소득층에까지 그 효과가 돌아가 경제 활성화가 이루어진다는 경제이론.

6 채권과 주식의 특성을 동시에 가지고 있다는 의미의 증권으로, 은행이나 기업들이 주로 자본 확충을 목적으로 발행하는 신종자본증권.

9 외화로 표시된 부채와 자국통화로 계산된 자산이 일치하지 않는 경우로 외국에서 달러를 빌려 사용하는 기업은 원화 가치의 하락으로 인해 원화 기준 부채 규모가 증가하게 되어 부도 위험에 직면하게 되는 상황을 말한다.

11 '빈익빈 부익부'와 같은 의미로 부자는 더욱 부자가 되고, 가난한 자는 더욱 가난해지는 현상을 가리키는 말.

12 은행 신용을 바탕으로 만들어진 화폐.

⬇ 세로 열쇠

1 국가가 임금액의 최저한도를 결정하고 사용자에게 그 지급을 법적으로 강제하는 제도.

2 금전적 거래 없이 한 경제 주체의 행위가 다른 경제 주체에게 기대되지 않은 혜택이나 손해를 발생시키는 현상.

3 한 나라의 대외적 통화가치가 하락한 것을 말하는 것으로 환율 상승과 달러가치 상승을 의미함.

5 공채와 사채 등 채권이 발행 · 유통되는 시장.

7 달러화에 대비되는 명칭으로 엔화, 유로화 등 다른 화폐를 가리키는 용어.

8 개인, 기업, 정부 등이 자신의 성과를 재고하기 위해 참고할 만한 가치가 있는 대상이나 사례를 정하고 비교 분석을 통해 필요한 전략 또는 교훈을 찾아보려는 행위.

10 노동자들이 임금이나 소득의 실질가치는 변화가 없는데도 명목단위가 오르면 임금이나 소득이 올랐다고 받아들이는 것을 말한다.

41

1↓

임

2↱ 3↓ 평

4→ 과 5↓

6→ 7↓ 이

8↓ 장

9→ 통

10↓ 11→ 효

12→ 폐

답 122P

가로 열쇠

1 사회를 생물유기체에 비유하여 체계적으로 설명하려고 하는 사회학설.

3 주식회사끼리의 합병 시 합병회사 간 주식의 교환비율을 말함.

5 재정적 어려움으로 파탄에 직면한 개인채무자의 채무를 법원이 강제로 재조정해 개인채무자의 회생을 도모하는 제도.

6 규모가 상대적으로 작은 기업.

8 전반적인 물가수준을 나타내는 지표로 도매상의 판매가격에 따라 작성한 도매물가의 수준을 나타내는 지수.

10 경제가 성장할수록 국민총생산에서 공공지출의 비중이 높아진다는 법칙.

11 기업의 외적인 요인을 개선함으로써 발생하는 이익.

12 법정통화와 동의어로 최종적인 지급수단으로 사용되는 통화.

세로 열쇠

2 생산자가 특정 재화의 생산량을 한 단위씩 늘릴 때마다 포기해야 하는 재화의 양이 증가한다는 법칙.

3 무한책임사원과 유한책임사원으로 구성되는 이원적 조직의 회사.

4 신생 창업기업을 지칭하는 용어.

5 개인이 얻은 소득.

7 물가의 상승과 하락, GNP성장률에 대해 특정 항목이 기여하고 있는 정도를 나타낸 것.

9 자산 및 부채규모, 이자 부담 정도, 채무상환능력 등을 종합적으로 고려해 가계의 부실정도를 측정하고 판단 · 예측하기 위해서 개발된 지표.

10 환경오염 시설들을 자기 지역권 내에 설치하는 것을 반대하는 지역 이기주의의 한 현상.

42

	1→			2↓		설							
		3↱		비									
									4↓				
5↱		회		★									
						6→		7↓	업				
				★				8→			9↓		수
10↱			★	법									
										11→	부		
12→ 현													

답 122P

가로 열쇠

2 겉으로는 불규칙적으로 보이지만 나름대로 질서를 이루고 있는 현상들을 설명하려는 이론으로 나비효과와 관련되어 있다.

6 대부자금의 수급에 의하여 결정되는 이자율을 의미함.

7 구매자와 판매자 간 거래대상 제품에 대한 정보가 서로 다르게 주어진 상황 아래서 거래가 이루어지게 됨으로서 불량품만 남아도는 시장. 미국에서 불량품을 의미하는 과일을 빗대어 표현한 용어를 말한다.

10 기초자산 가격이 옵션계약 당사자 간에 정한 수준이 되면 미리 정해진 이익을 얻고, 기초자산가격이 미리 정해진 가격 이상으로 상승하더라도 정해진 수준 이상의 이익을 얻을 수 없는 옵션.

11 인건비 · 임차료 · 지급이자 · 할인료 · 세금공과 · 영업이익 등 부가가치 구성하는 항목을 더하여 계산하는 부가가치 계산방법.

13 인터넷을 이용해 상품을 사고 파는 행위.

세로 열쇠

1 철과 인플레이션의 합성어로 철 가격의 지속적 상승을 뜻하는 경제 용어.

3 모래 등 흙 속에 포함된 석유를 말하며 따라서 매장 원유와 달리 별도의 추출 · 정제 과정을 거쳐야 하기 때문에 생산단가가 비싸고 잔해 처리에 비용이 많이 든다는 단점이 있다.

4 고객의 구매 패턴, 기호, 선호도 등을 분석하여 특정 시장을 집중적으로 공략하는 것을 말하며 이미 형성된 거대시장의 틈새를 비집고 들어가는 것과 같다는 뜻에서 붙여진 이름.

5 사람이 불확실성 또는 위험을 수반하는 의사결정이 필요할 때 나타나는 특이행태를 설명하기 위해 주류 경제학 이론의 대안으로 주창된 이론.

8 주식 개장 부근에서 가장 유리한 가격으로 매매체결이 되도록 내는 주문으로 주식의 전장 또는 후장의 동시호가 시세대로 매매해 달라는 주문.

9 고의적으로 부도를 낼 계획을 세우고 발행하는 불법어음.

12 피상속인의 사망에 의하여 민법의 규정에 의한 상속순위에 따라 상속받는 자.

43

				1↓							
	2→	3↓			론		4↓		5↓		
							6→		이		
		드		7→		8↓	장				
	9↓										
10→				션		11→		12↓			
	음					13→		상			

답 122P

가로 열쇠

1 세계에서 자본이 가장 풍부한 국가가 노동집약적인 재화를 수출하고 자본집약적인 재화를 수입한다는 결과를 말함.

3 시간이나 정보가 불충분하여 합리적인 판단이 어렵거나 체계적이고 합리적인 판단을 할 필요가 없는 상황에서 복잡한 과제를 간단하게 단순화시켜 의사를 결정하는 경향.

4 아파트, 연립주택 및 다세대주택 등이 그 대상으로 1동의 건물 중 구조상 수개의 부분이 독립된 공간으로 사용될 수 있을 때 그 각 부분공간의 등기를 말하는 것.

5 미래의 비용을 일정한 기준에 의해 당기 비용과 차기 비용으로 배분하는 원칙.

8 업적과 경영내용이 좋고 배당률도 높은 회사의 주식으로, 보통 블루칩이라고 한다.

9 사채로서 발행되었지만 일정기간 경과 뒤 소유자의 청구에 의하여 주식으로 전환할 수 있는 사채를 말함.

11 이자가 없는 것.

세로 열쇠

1 기업의 타인자본 의존도를 나타내는 비율.

2 해외 소비자들이 국내 온라인 쇼핑몰에서 상품을 직접 구입하는 쇼핑 방식.

6 불건전한 기업 경영을 하는 기업이 건전한 경영을 하는 것처럼 보이도록 사실과는 다르게 결산처리 하는 것.

7 경쟁기업보다 낮은 원가로 재화 또는 용역(서비스)을 생산하여 제공함으로써 경쟁자에 대해 비교우위를 확보하려는 전략.

10 채권자에게 빚을 진 사람으로 빚을 갚을 의무가 있는 사람.

44

	1↓→					★	2↓ 역			
3→	리						4→			기
	5→			6↓ 분		★	7↓			
							가			
							8→			
							9→			10↓ 채
								11→ 무		

답 122P

가로 열쇠

1 2006년 APEC 정상회의 때 중국의 제안으로 처음 제시되었으며 미국 위주의 무역 판도를 중국 쪽으로 돌리려는 시도 중 하나로 만들어진 무역지대.

4 보험료를 낮게 산정하는 대신 보험료 운용에 따른 배당을 지급하지 않는 상품을 말하는 것으로 약정 환급금만 돌려받을 수 있는 보험.

6 공급자가 발주자로부터 제조, 설치, 시험 등에 모두 책임을 지는 형태로 일괄 수주하여 발주자가 키를 돌리기만 하면 운전 가동할 수 있는 상태로 인도하는 경우를 의미하는 용어.

7 산업단지와 농업단지를 융합하여 첨단 농축산이 가능한 친환경농업모델.

9 일정기간의 매출액에서 매출원가, 판매비, 관리비, 영업외 수익과 비용, 특별 이익과 손실을 가감한 후 법인세를 뺀 순이익을 의미하는 것.

11 무역거래에서 신용장의 수취인인 수익자가 되어 양도 가능한 신용장을 맨 처음 받아서 제2수익자에게 양도한 최초 수익자를 가리키는 용어.

세로 열쇠

1 주식의 기술적 분석에서 주가가 바닥에서 반등할 때 급격하면서 짧은 돌출(spike)과 함께 V자형으로 나타나는 것.

2 계속 하락하는 추세의 종목에 대한 매수나 상승하는 추세의 종목에 대한 매도거래와 같은 시장추세와 반하는 거래.

3 중화 경제권을 일컫는 말.

5 주식 값이 폭등하면 개인투자자들이 앞다투어 주식 시장에 뛰어드는 현상. 한 마리가 뛰면 여러 마리가 동시에 뛰는 당나귀에 빗대어 표현한 주식 용어이다.

7 집안의 아궁이 하나당 2실링의 세금을 내도록 한 1662년 중세 영국의 조세제도.

8 인력공급업체가 자기가 고용한 근로자를 사용사업주에 파견해 이 업체의 지시 · 감독을 받아 일하도록 하는 근로제도.

10 가격의 하락이 오히려 수요량의 하락을 가져오는 재화.

45

1⮧					2↓ 역		3↓				
							4→		5↓ 당		
6→ 턴							네				
			7⮧			8↓ 파					
9→	10↓ 기										
			세								
						11→	1				

답 123P

가로 열쇠

2 대형사고가 발생하기 전에 그와 관련된 수많은 경미한 사고와 징후들이 반드시 존재한다는 법칙.

3 경영이 악화된 기업이 경쟁력 강화와 생존을 위해 구조조정 시 종업원을 해고할 수 있는 제도.

5 산업의 해외 직접투자의 증가로 인해서 국내 생산여건이 저하되는 현상.

6 석탄, 석유, 전력, 제철, 제련, 도로, 철도, 해운, 항공, 비료, 시멘트, 기초화학 등의 경제활동을 원활히 하는 데 필수적인 중요한 산업을 가리키는 용어.

7 생산을 위한 투입량과 산출량의 비율을 통해 생산 활동의 효율성을 분석하는 것.

8 주식회사에서 정관에 기재한 발행예정 주식 총수 중에 일부는 회사 설립 시에 발행하지만, 나머지는 회사 설립 후에 필요에 따라 이사회가 발행하는 것을 인정하는 제도.

11 기업계열화의 결과 어떤 관계를 맺게 된 기업.

세로 열쇠

1 미국 달러, 캐나다 달러, 오스트레일리아 달러, 홍콩 달러, 영국 파운드 등의 외국환 관리상 대외거래 결제에 사용이 인정된 통화.

2 주가가 과도하게 상승해 매수 강도가 약화되면서 주가의 상승폭이 적어지는 경우에 형성되는 주식의 기술 분석 패턴의 하나.

4 고객이 주식을 사기 위해 증권회사에 일시적으로 맡겨 놓은 돈.

5 모든 경제활동의 기초가 되는 생산의 움직임을 알아보기 위하여 작성되는 지표.

9 옵션이 선물 또는 현물로 변환되는 날.

10 본점과 지점 간의 발생하는 대차관계를 처리하는 방식.

46

							1↓				
2↓→					칙		3→			4↓ 고	
			5↓→				화				
6→ 기											
			7→			분					
			8→ 수	9↓		10↓					
				행		11→ 계					

가로 열쇠

1 국가의 입법 · 사법 · 집행관할권은 자국의 영역 내에서만 행사해야 한다는 것을 말함.

3 서로 다른 이질적인 분야를 접목하여 창조적 · 혁신적 아이디어를 창출해내는 기업 경영방식.

6 특정상품에 많은 사람이 몰리면 희소성이 떨어져 차별화를 위해 다른 상품을 구매하려는 현상.

8 생산 활동으로 지불된 소득이 아니라 정부 또는 기업이 반대급여 없이 무상으로 지불하는 소득으로 생활보장, 사회보험, 아동수당 등의 사회보장급여, 해외원조 등이 이에 속한다.

9 가격이 오르는 데도 일부 계층의 과시욕이나 허영심 등으로 인해 수요가 줄어들지 않는 현상.

11 증권시장에 있어 호가의 우선순위를 정하는 것으로서 파는 경우는 낮은 가격을, 사는 경우는 높은 가격을 우선한다는 말.

세로 열쇠

1 특정 상품에 대한 소비가 증가하면 그에 대한 수요가 줄어드는 소비 현상.

2 주식회사의 자본을 이루는 단위.

4 하나의 물건을 사고 나서 그에 어울릴 만한 물건을 계속 구매하며 또 다른 소비로 이어지는 현상을 일컫는 용어.

5 노동력을 제공하고 받은 소득.

7 백화점 매출액 중 80%가 상위 20% 고객으로부터 나오며 성과의 80%는 전체 임직원 중 상위 20%가 발휘하는 노고에 의해 이루어지는 것과 같이 결과 대부분이 일부원인 때문에 생긴다는 경험적 법칙.

8 혁신의 의미로 경제에 새로운 방법이 도입되어 획기적인 새로운 국면이 나타나는 일을 말함.

10 사회일반 소비수준의 영향을 받아 남의 소비행동을 모방하려는 사회심리학적 소비성향.

47

							1↱		2↓	의	
				3→	4↓		효				
					로						
			5↓								
		6→	로								
										7↓	
8↱ 이											
9→		런		10↓						★	
				11→ 시					★		

가로 열쇠

1 대중에게 잘 알려져 있지 않지만 각 분야의 세계시장을 지배하는 우량 중소기업을 지칭하는 용어.

3 은행이 보증한 이상 이를 취소할 수 없는 신용장.

5 어음소지인이 만기일 전에 어음상의 채권을 타인에게 양도하는 것.

7 금리를 아무리 낮추어도 투자나 소비 등의 실물경제에 아무런 영향을 미치지 못하는 상태.

9 세계 3대 신용평가기관에 속하는 피치 IBCA가 자체적으로 은행에 대해 자금 지원여부를 평가하는 데 사용되는 등급 용어.

11 우리나라의 부총리 겸 기획재정부 장관과 청와대 경제수석, 금융위원장, 금융감독원장, 한국은행 총재가 주요 경제 · 금융 현안을 논의하고 정책을 결정하는 자리를 가리키는 별칭.

세로 열쇠

2 어음이 정당하게 발행 · 교부됐으나 어음소지인이 어음금을 지급하지 못하겠다는 의사표현을 함으로 은행 등 지급금융기관에서는 부도처리나 지급을 거절하는 부도 사유 중의 하나.

4 지역 · 직업 · 종교 등 상호유대를 가진 개인이나 단체 간의 협동조직을 기반으로 하여 자금의 조성과 이용을 도모하는 비영리 금융기관.

5 은행이 수입업자의 의뢰를 받아 수입업자의 소재지 거래 은행에 대하여 은행 앞으로 발행한 어음의 지급을 지시하는 통지서를 지칭하는 말.

6 당기 순이익 중 배당금의 비율.

8 경기불황을 불러오는 잘못된 경제정책.

10 현금을 대가로 채권을 포기 또는 양도하는 것.

48

		1→		챔	2↓							
					3→ 취				4↓			
				5↓→		6↓	서					
								7→	동			8↓
9→	10↓ 포					향						불
				권								
				11→								

가로 열쇠

2 국회를 통해 임명된 조사관이 공무원의 권력남용 등을 조사·감시하는 행정통제제도.

4 적대적인 기업의 인수합병을 막기 위해 경영진이 퇴직할 때 거액의 퇴직금을 지급하는 방법 등으로 회사 가치를 떨어뜨리는 전략.

6 거래 당사자 간에 약정된 금융거래의 자금결제가 이루어지지 않은 상태에서 당사자 한쪽의 결제를 이행하지 못하게 됨에 따라 거래 상대방이 손해를 입게 되는 위험.

8 신협의 자산운용을 지원하는 것으로 신협의 여유자금을 신협중앙회가 예탁받아 관리하는 자금을 말하는 것.

9 기업이 재고유지에 필요한 운전자금의 조달·공급.

11 과세표준액이 커질수록 세율을 높여 징수하는 조세 제도.

12 석유 가격의 기준이 되는 부피 단위.

세로 열쇠

1 재산권이 확립되어 있고 거래비용이 없다면 정부 개입 없이도 이해관계 당사자 간의 협상에 의해 외부효과를 효율적으로 해결할 수 있다는 정리.

3 국내외적으로 이루어지는 불법자금의 세탁을 적발 및 예방하기 위한 법적·제도적 장치로서 사법제도, 금융제도, 국제협력을 연계하는 종합 관리시스템.

5 산업상 이용가치를 갖는 발명 등에 관한 권리.

6 경제 용어로 적자를 뜻하는 회계학 용어로 기업의 경영활동결과 순자산이 오히려 감소하는 경우에 그 감소분을 누적하여 기록한 금액을 말한다.

7 일정 상품이 대중화되면 그 상품에 대한 희귀성이 떨어져서 수요가 감소하는 현상으로 '백로효과'라고도 한다.

10 정상적 상거래의 뒷받침 없이 단순히 일시적인 자금의 융통을 도모하기 위해 발행되는 어음.

11 보통주에 대한 배당이 지급되기 전에 누적된 미지급 배당금.

										1↓				
								2→			맨	★		
			3↓											
		4→	금			5↓		6↳ 결			7↓			
											놉			
8→		예				9→ 재			10↓					
11↳				도										
12→														
당														

답 124P

가로 열쇠

2 미국의 루스벨트 대통령이 대공황을 극복하기 위하여 추진한 일련의 경제 정책.

3 경매와는 반대로 제품을 필요로 하는 사람이 해당 제품을 구매하겠다고 제품명을 제시하면 많은 판매자들이 서로 경쟁적으로 좀 더 낮은 가격을 제시하다가 최저가격을 제시한 판매자에게 낙찰되는 거래방법.

5 대규모 기업집단 소속회사가 같은 계열사와의 거래에서 비계열사와의 거래보다 가격 거래조건 등에 차등을 두어 혜택을 주는 것을 말함.

6 8 · 10년을 주기로 한 경기순환에 의해 주로 기업의 설비투자의 변동으로 일어나는 중기파동을 지칭하는 용어.

8 떠오르는 시장이라는 뜻의 자본시장 부문에서 급성장하고 있는 국가들의 신흥시장을 지칭하는 용어.

9 외국기업이 일본에서 엔화가 아닌 다른 통화로 발행하는 채권.

10 금융거래 등에서 발생한 채무를 정당한 이유 없이 약정된 기일 안에 갚지 못한 사람으로 각종 금융거래 때 제재를 받게 된다.

12 듀플렉스 홈으로 불리며 한 개 필지에 두 가구가 나란히 지어진 형태의 집을 말하는 것으로 경제성과 공간의 효율성을 증가시키기 위해 고안된 주택 형태.

세로 열쇠

1 국가 간 동등한 위치에서 하는 무역.

2 1979년 4월 5일 뉴욕증권거래소(NYSE)가 전액 출자해서 만든 뉴욕증권거래소(NYSE)의 금융 선물 전문 자회사.

4 현재 보유하고 있거나 앞으로 보유하게 될 자산의 가격변동위험을 회피하기 위하여 선물시장에서 매도계약을 체결하는 것을 말함.

5 부동산 실소유자가 편의를 위하여 소유자명의를 다른 사람에게 신탁하는 것.

7 지역본드에 구애받지 않고 세계 금융시장에서 동시에 발행되는 국제채권.

11 자기 돈으로 자기 회사 주식을 사는 것.

50

									1↓				
							2↓→		정				
									3→		4↓		
					5↓→		거						
	6→	7↓ 글							8→		징		
9→			드		의								
					10→				11↓ 자				
							12→	콩					

PUZZLE
답

장	기	보	유	주							
기			렙				자				
신			통				사				
용			화		소	득	주	도	성	장	론
채			기					넛			
권			금	산	분	리		현	재	가	치
					식			상		처	
					회	사	채			분	
					계		무			소	
							면	세	소	득	
			금	융	실	명	제				
			리								

	경	제	협	력	개	발	기	구		
						동				
						가	변	비	용	
환	수					격		트		
	익	스	포	저				코		
	가		워				무	인	경	제
	치		드				기			
			가	격	인	하	명	령		
			이		버		채			
			던		전		권			
	홀	딩	스							

1 2
3 4

다	중	머	리	어	깨	모	형			세
	진					기				입
	국	부	펀	드		지	불	준	비	금
	함		드			론			차	
	정		이						익	
			동	의	명	령	제		거	
			제		도				래	
					소	득	세			
					송		율			
							구	조	조	정
							간			보
										재

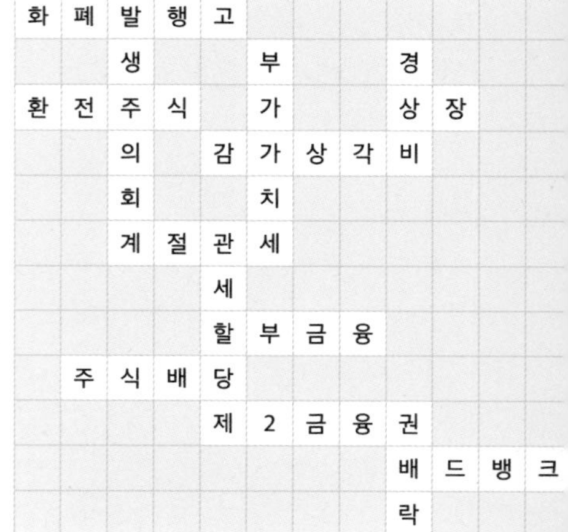

화	폐	발	행	고							
		생			부			경			
환	전	주	식		가			상	장		
		의		감	가	상	각	비			
		회			치						
		계	절	관	세						
				세							
				할	부	금	융				
	주	식	배	당							
				제	2	금	융	권			
								배	드	뱅	크
								락			

5 6
7 8

	개	별	공	시	지	가					
	인				니						
	정	액	법		계						
	보				수	요	공	급	법	칙	
	보						유				
보	호	무	역	주	의		경				
	법					경	제	고	통	지	수
								금			입
	엥				약	정	금	리			과
	겔				속			정	관		징
	계				어			책			금
	수	출	환	어	음						

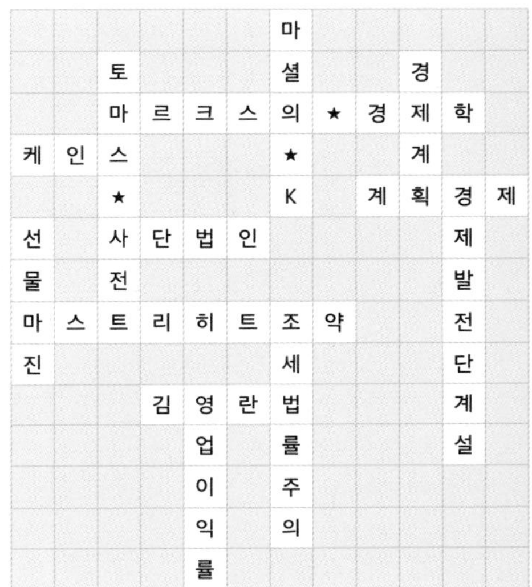

						마					
		토				셜			경		
		마	르	크	스	의	★	경	제	학	
케	인	스				★			계		
		★				K		계	획	경	제
선		사	단	법	인					제	
물		전								발	
마	스	트	리	히	트	조	약			전	
진						세				단	
			김	영	란	법				계	
				업		률				설	
				이		주					
				익		의					
				률							

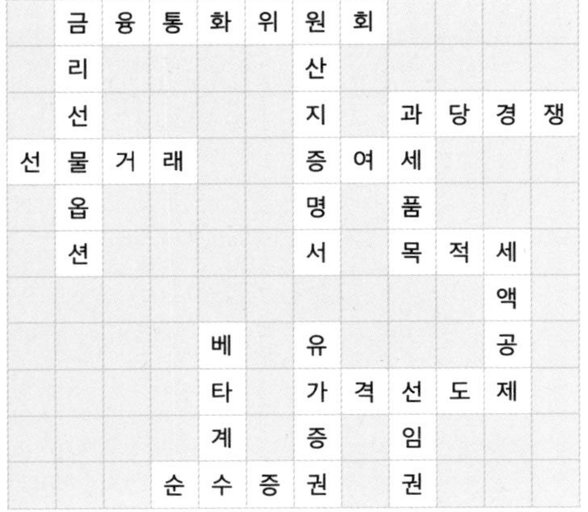

	금	융	통	화	위	원	회				
	리					산					
	선					지		과	당	경	쟁
선	물	거	래			증	여	세			
	옵					명		품			
	션					서		목	적	세	
										액	
				베		유				공	
				타		가	격	선	도	제	
				계		증		임			
			순	수	증	권		권			

공	급	곡	선									
시		물										
지		법	인	세								
가			플				펠					
			레	온	티	에	프					
			이		보		스	핀	오	프		
			션		우							
					★							
					모	라	토	리	엄			
					델		빈					
							세	계	경	제	포	럼
											겔	

9

자										
기	축	통	화							
자										
본										
비	상	장	주							자
율		기			보	존	지	구		본
		채	무	보	증					주
			역		보	호	무	역	주	의
			승		험		역			
			수				의	제	자	본
							존		산	
					공	매	도			

10

						백	지	어	음		
유							식				
휴			투				기	준	경	비	율
토	지	투	기	지	역		반			영	
지			과				경			리	
			열	린	구	매	제	도		회	
			지							계	
			구	제	금	융					
					융						
					버	블	경	제			
					블						

11

			발								
화	폐	발	행	고							
환			공								
어			고	정	비						
음			일		상	장	폐	지			
					장						
			종	합	주	가	지	수			
						산		출			
		양	도	소	득	세		신	용	거	래
								용			
						회	계	장	부		

12

				자	기	자	본	분	배	율
				가		동				
가		독	과	점		차			가	
등				유		세	금	계	산	서
기	준	경	비	율			산		금	
		상					분		리	
		손					리			
	손	익	계	산	서					
			절							
			관	세	장	벽				
			세							

13 14 15 16

근	저	당	권								
	항		리								
	선		금	융	실	명	제				
					버		조	정	계	산	서
					산		원		산		면
		4	차	산	업		가		증		조
			명						명		사
	무	기	계	약	직						
	역		좌		급						
	금				정	기	적	금			
	융				년						
					제						

		종		임	차	보	증	금			
		합					여				
종	합	소	득	합	산	과	세				
합		득									
소		세	계	무	역	기	구				
득				기							
금				명	목	자	본				
액		회	사	채		산					
		계		권		소	비	세			
		연				득		외			
		도	매					부			
						주	택	담	보	대	출

		복	식	부	기						
		리		유							
		후		세		도					
		생				메	세	나			
		비	영	리	법	인		스	톱	로	스
			업		정			닥			팟
			손		관						펀
유	보	이	익		리			사	모	펀	드
	호								기		
	무	역	수	지					지		
	역								론		
	주	52	시	간	근	무	제		제		
	의								도		

필	립	스	곡	선							
			물				분	수	효	과	
			법	인	소	득		정			
					득			신			
					재	무	보	고	서		
					분						
					배	출	권	거	래	제	도
						자		래			
				대	여	금		명			
				손				세	무	사	찰
		수	선	충	당	금		서		단	
				당						법	
요	구	불	예	금						인	

17 18 19 20

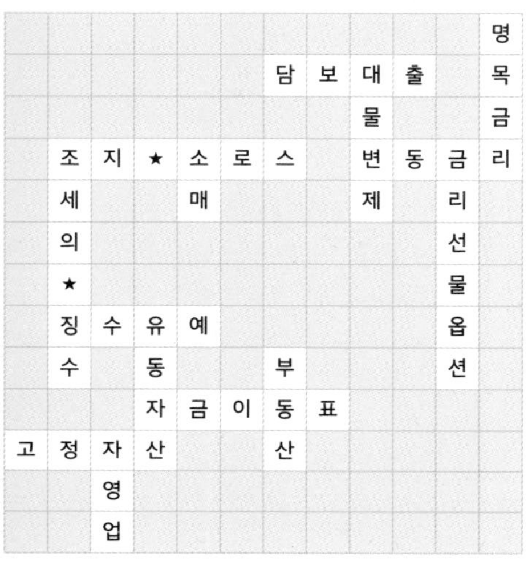

											명
						담	보	대	출		목
								물			금
	조	지	★	소	로	스		변	동	금	리
	세			매				제		리	
	의									선	
	★									물	
	징	수	유	예						옵	
	수		동			부				션	
			자	금	이	동	표				
고	정	자	산			산					
		영									
		업									

					근	로	표	준	계	약	서	
										관		
										대		
			빅		총	액	한	도	대	출	제	
			맥		부							
마	일	리	지		채	권	지	수				
진			수		상		하					
콜	금	리			환		경	기	동	향	지	수
		스			비		제		산		불	
		제	한	세	율						초	
		도									과	

워	렌	★	버	핏								내
크							조					집
아	리	랑	본	드		조	세	의	무			마
웃			원				부					련
		교	통	유	발	부	담	금				★
			화		행							디
					공	매	도					딤
					고		덕					돌
					일		적		무			★
							해		디			대
						마	이	너	스	★	대	출

다	우	존	스	★	지	수					
국						의					
적					추	계	조	사	결	정	
기	본	공	제			약		업			
업		적						자			
		자	금	시	장			등	록	세	
교	부	금						록		금	
	동							증	여		
	산			공					행		
	신	용	보	증	기	금			자		
	탁								수		
							소	득	표	준	율

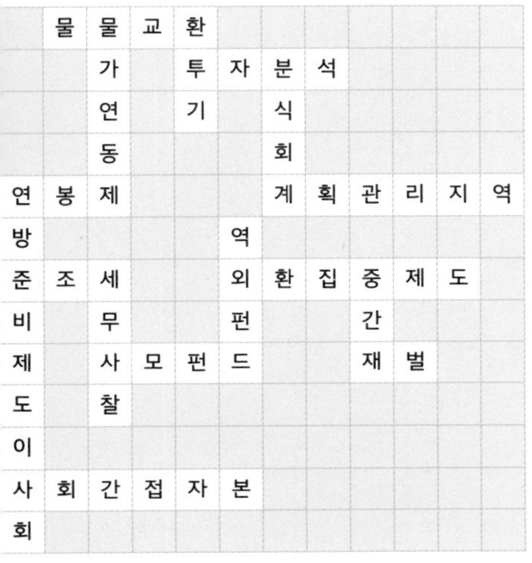

	물	물	교	환							
		가		투	자	분	석				
		연		기		식					
		동				회					
연	봉	제				계	획	관	리	지	역
방					역						
준	조	세			외	환	집	중	제	도	
비		무			펀			간			
제		사	모	펀	드			재	벌		
도		찰									
이											
사	회	간	접	자	본						
회											

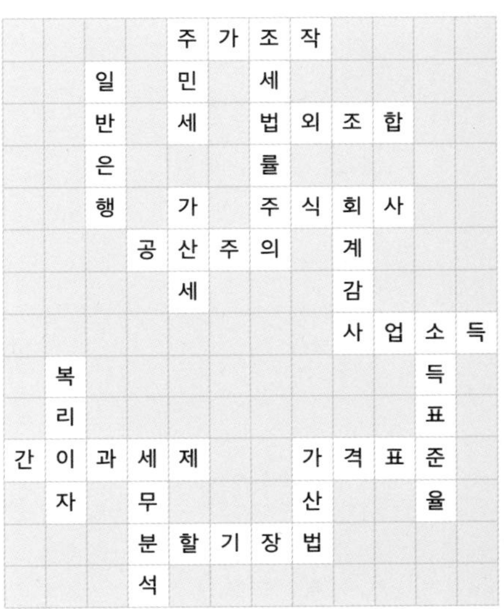

				주	가	조	작				
		일		민		세					
		반		세		법	외	조	합		
		은				률					
		행		가		주	식	회	사		
			공	산	주	의		계			
				세				감			
								사	업	소	득
	복									득	
	리									표	
간	이	과	세	제			가	격	표	준	
	자		무				산			율	
			분	할	기	장	법				
			석								

21 22
23 24

				레	귤	레	이	션	Q		
	스			귤							
	테			레	버	리	지	효	과		
	그			이			하				
디	플	레	이	션			경				국
	레			G		경	제	특	구		세
	이					상		별			환
	션					거		배			급
						래		당	좌	예	금
										대	
			주	택	담	보	대	출	비	율	

		담										
		보	이	지	★	않	는	★	손			
				식					절			
				의					매	입	률	
				★						찰		
	모	럴	해	저	드			채	권	자		
	험			주						격		
닌	자	론								사		
	론							출	구	전	략	
		코								심		
		즈					서	부	텍	사	스	유
		정					비			제		도
		리	먼	브	라	더	스	사	태			법
							리					
							스					

												양
					경	기	순	환	곡	선		도
					제			거		하		성
					활			래		증		예
					동			계		권	리	금
		국	가	신	인	도		약				증
회	사	채			구							서
	무					사						
	라					외						
하	이	퍼	인	플	레	이	션					
	본			라		사						
	드			자								
				합								
				의	제	자	본					

				잃	어	버	린	★	십	년	
					음						
					할	인	시	장			리
와	타	나	베	부	인			기			보
								정	기	적	금
					경	기	침	체			리
					상			론			
		경	상	수	지						
		제			출	자	전	환			
		공					대		총		
		황			소	비	자	물	가	지	수
							금		계		
							제		부	동	주
							도		채		

25 26
27 28

						기							
					절	대	수	렴					
						수							
			원			익							
	위	험	자	산	비	율							
	험		재										
	자												
분	산	투	자									물	
리			본	원	통	화				제		가	
과			주		화					국	민	연	금
세			의		승	자	의	★	저	주		동	
					수					의		제	

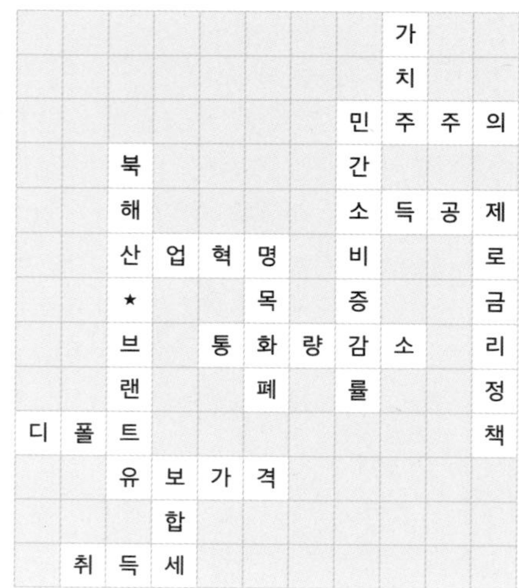

								가		
								치		
							민	주	주	의
		북					간			
		해					소	득	공	제
		산	업	혁	명		비			로
		★			목		증			금
		브		통	화	량	감	소		리
		랜			폐		률			정
디	폴	트								책
		유	보	가	격					
			합							
	취	득	세							

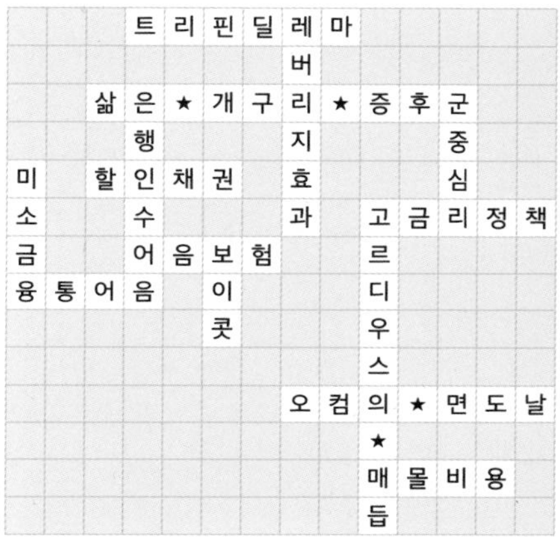

29 30
31 32

											유		
			세	이	프			링			리		임
			컨					겔			천		차
			더					만	기	연	장	채	권
블			리					★		부			
랙			보		레			효		상			
스	트	라	이	샌	드	★	효	과		환			
완			콧		오								
					션				대	환	대	출	
									위				
								노	변	정	담		
									제				

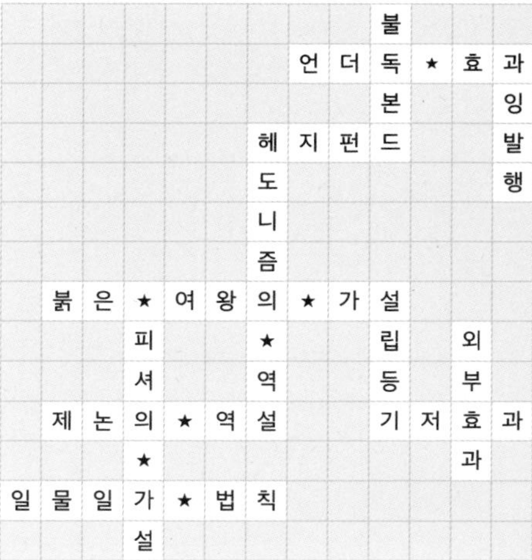

									샤				
							랜	덤	워	크	가	설	
									실				
					풍	요	★	속	의	★	빈	곤	
	퍼				선				★				
	펙				효				바		퍼		박
네	트	워	크	효	과				보	이	스	피	싱
	스		로								트		데
	톰		스	팟	펀	드					펭		이
			디								권		
			폴										
	화	이	트	스	완								
					전								
					매								
					각								

		메	뉴	비	용							
		트				눈					자	
		칼				덩					물	
블	랙	프	라	이	데	이			불		쇠	
루		의				효			로		★	
오		★	대	체	효	과	와	★	소	득	효	과
션		법							득		과	
		칙					교	육	세			
							차					
							환					
			파	레	토	효	율	성				

33 34
35 36

									시		
블	루	슈	머			딜	러	시	장		
록			천			러			실	권	주
딜			다	우	이	론			패		식
			이		자						소
			징		보						각
					상	호	지	급	보	증	
					률				복		
									관		
							재	산	세		
							고				
						원	자	재	통	화	
							산				

									원			
									자	연	독	점
							소	비	재			포
						나			시			수
				틀		비	관	세	장	벽		명
				짜		효						주
			메	기	효	과			양	털	깎	기
				효					키			
윔	블	던	효	과					본	예	산	
									드			

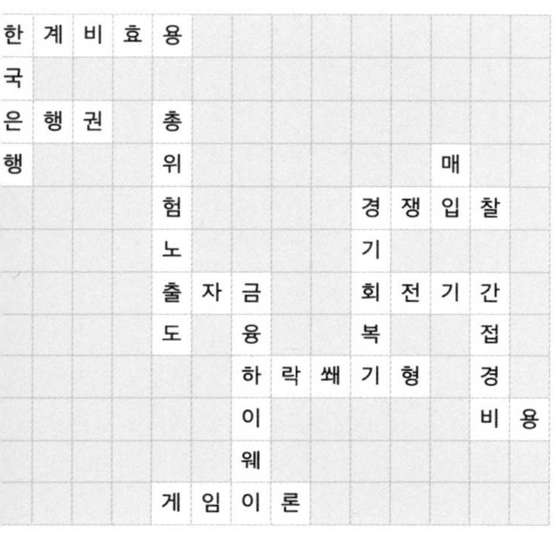

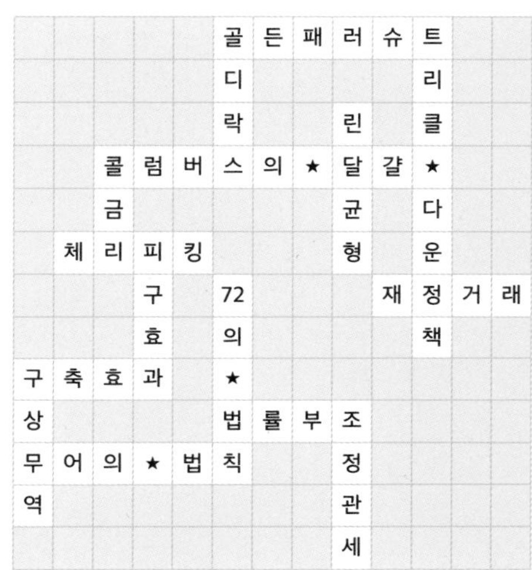

37 38
39 40

			빅								
	유		맥		추						
	리		지	식	경	영					
원	천	징	수		예					파	
	장			파	산	제	도			킨	
				생						슨	
				상	속	세		저		의	
				품		금		축		★	
						피	터	의	★	법	칙
						난		★		칙	
						처		역			
								설			

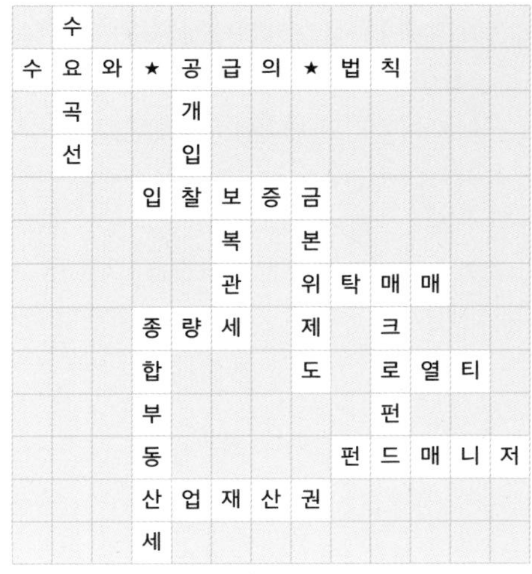

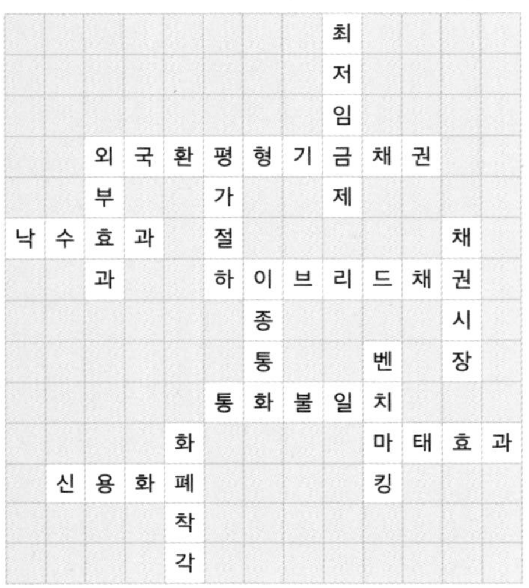

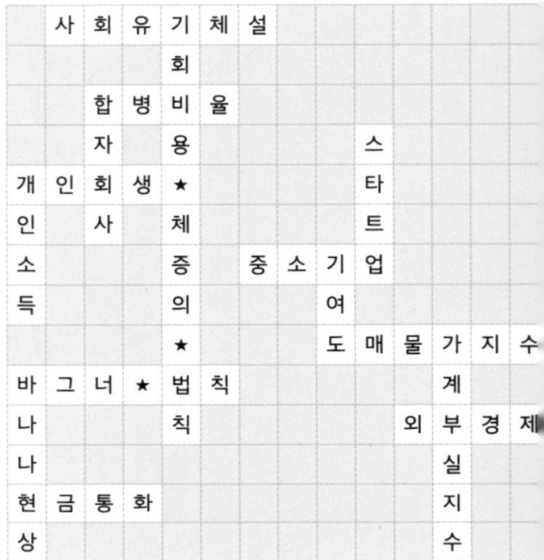

41 42
43 44

				아							
	카	오	스	이	론		틈		전		
		일		언			새		망		
		샌		플			시	장	이	자	율
		드		레	몬	시	장		론		
	딱			이		초					
디	지	털	옵	션		가	산	법			
	어							정			
	음					전	자	상	거	래	
								속			
								인			

아	태	자	유	무	역	지	대				
담					추		나				
패					세		무	배	당	보	험
턴	키	방	식		거		네		나		
					래		트		귀		
							워		투		
			아	그	로	파	크		자		
			궁			견			자		
당	기	순	이	익		근					
	펜		세			로					
	재					제	1	수	익	자	

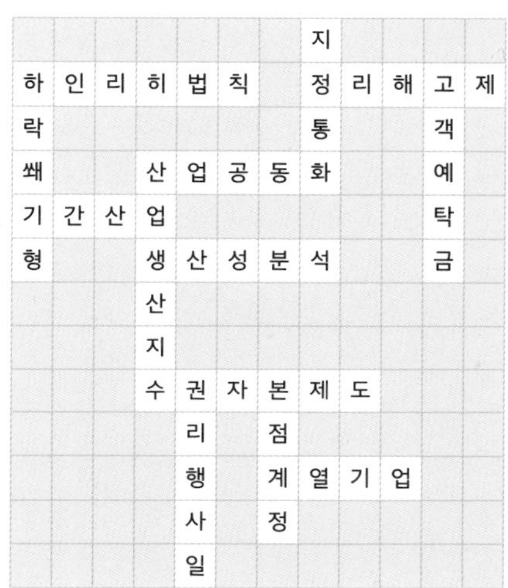

							지				
하	인	리	히	법	칙		정	리	해	고	제
락							통			객	
쐐			산	업	공	동	화			예	
기	간	산	업							탁	
형			생	산	성	분	석			금	
			산								
			지								
			수	권	자	본	제	도			
				리		점					
				행		계	열	기	업		
				사		정					
				일							

45 46
47 48

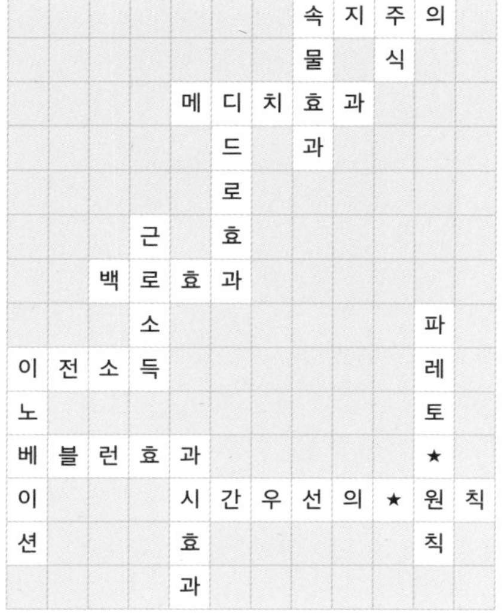

							속	지	주	의	
							물		식		
				메	디	치	효	과			
					드		과				
					로						
			근		효						
		백	로	효	과						
			소							파	
이	전	소	득							레	
노										토	
베	블	런	효	과						★	
이				시	간	우	선	의	★	원	칙
션				효						칙	
				과							

		히	든	챔	피	언						
					사							
					취	소	불	능	신	용	장	
					어				용			
				어	음	배	서		협			
				음		당		유	동	성	함	정
				지		성			조			책
서	포	트	등	급		향			합			불
	페			수								황
	이			권								
	팅			서	별	관	회	의				

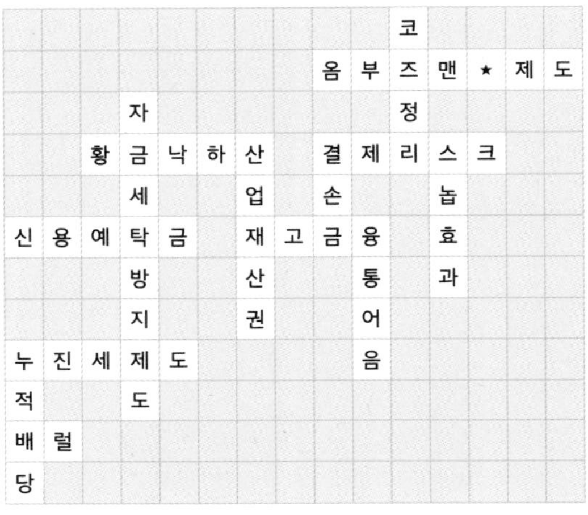
코
옴 부 즈 맨 ★ 제 도
자 정
황 금 낙 하 산 결 제 리 스 크
세 업 손 놉
신 용 예 탁 금 재 고 금 융 효
방 산 통 과
지 권 어
누 진 세 제 도 음
적 도
배 럴
당

49
50

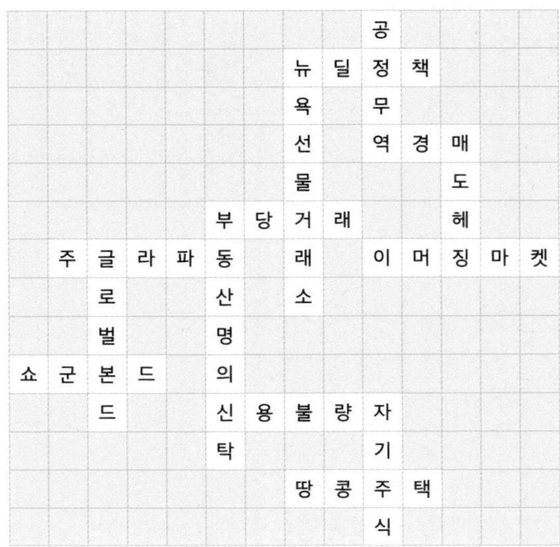
공
뉴 딜 정 책
욕 무
선 역 경 매
물 도
부 당 거 래 헤
주 글 라 파 동 래 이 머 징 마 켓
로 산 소
벌 명
쇼 군 본 드 의
드 신 용 불 량 자
탁 기
땅 콩 주 택
식

NEW
OPEN
SALE
%

부록

용어 해설

4차산업

상업, 금융, 보험, 수송 등이 3차산업의 주종목이었다면 4차산업은 정보, 의료, 교육, 서비스 산업 등 지식 집약적 산업을 총칭한다.

지식산업이라고도 불리는 4차산업은 전 세계를 빠르게 변화시키고 있으며 21세기 사회는 물리 세계, 디지털 세계, 생물 세계가 융합되어, 경제와 사회의 모든 영역을 바꾸는 제4차산업혁명시대가 될 것임을 예고하고 있다. 이미 미국은 국민총생산의 3분의 1이 4차산업에서 나오고 있다. 4차산업의 핵심은 지식이 돈이 되는 사회이다.

4차산업혁명 시대에는 인공지능 관련 직종이 대세를 이룰 전망이다.

3D 프린터는 의료부터 건축까지 다양하게 활용될 것이다.

아마존은 드론을 이용한 무인 배달을 시작했다.

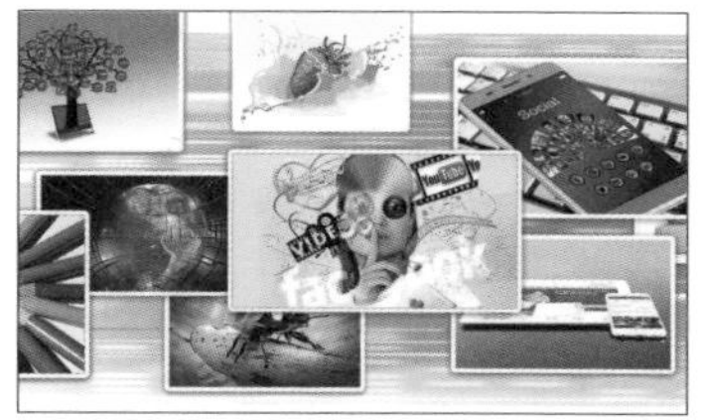

아이디어만 있다면 개인 미디어 콘텐츠 제작자로도 활동할 수 있다.

AI 정보시대에 화이트 햇 해커의 역할은 커져만 가고 있다.

경제공황

경제계가 급격한 혼란 상태에 빠져 파산자나 파산기업이 속출하는 현상. 전 세계는 상호 유기적으로 관계되어 있어 한 나라의 경제 공황은 다른 나라들에게도 영향을 주게 된다.

1929년 뉴욕 증시의 대폭락으로 대공황이 일어나면서 전 세계는 영향을 받게 되었고 그후 경기조정 정책이 실시되었다.

경제공황은 국가를 혼란에 빠뜨린다.

계절관세

농산품과 같이 계절에 따라 가격의 변동폭이 큰 물품에 주로 적용되는 관세. 1년 중 수입되는 시기에 따라 적용세율이 다르며 국내 생산자를 보호하기 위한 관세이기 때문에 수확기의 동종물품, 유사물품 또는 대체물품에 대해서 통상보다 고관세를 부과한다.

국내 포도 수익기인 5~10월에는 칠레산 포도 수입 시 45%의 관세율이 붙는 것도 계절관세이다.

고르디우스의 매듭

기원전 800년경 프리지아(지금의 터키) 왕국에는 이륜마차를 몰고 오는 사람이 왕이 된다는 예언이 전해졌다.

왕가의 후손이었으나 가난한 농부로 지내던 고르디우스는 어느 날 자신의 소달구지에 독수리가 앉아 있는 것을 보고 소달구지를 끌고 왕가로 갔는데, 왕가에서는 이륜마차를 끌고 오는 자가 왕이 될 것이라는 예언에 부합한다고 생각해 그를 왕으로 맞이했다.

고르디우스는 그때 끌었던 소달구지를 신전에 바치면서 밧줄로 복잡한 매듭을 만들어 기둥에 묶은 후 '이 매듭을 푸는

고르디우스의 매듭

자가 아시아의 왕이 될 것이다'라고 선포했다.
이 소식을 들은 영웅들이 벌떼같이 몰려와 매듭을 풀어보려 했지만 아무도 풀지 못했다. 그로부터 400여 년이 지나 기원전 333년 알렉산더 대왕이 잠시 고민하다가 검으로 밧줄을 잘라 해결 아닌 해결을 했다.
결국 알렉산더 대왕은 아시아의 왕이 되었지만 33살에 요절했고, 그의 사후에 제국은 4개로 분열되어 혼돈의 세상이 되었다.

공급곡선

19세기 말 앨프레드 마셜이 제안한 수요-공급 곡선은 두 개의 곡선으로 이루어진 단순한 그래프이지만 소비자와 공급자 사이의 관계를 잘 보여준다.
제품 가격이 올라가면 그 제품을 사려는 소비자의 수가 줄어드는 대신 그 제품을 팔려는 공급자의 수는 늘어난다. 반대로 제품 가격이 내려가면 제품 판매자는 줄어들지만 소비자는 늘어나게 된다. 이는 이익을 극대화하려는 인간의 본능을 표현한 것으로 소비와 공급 곡선이 교차하는 지점이 소비자와 공급자가 이익을 실현할 수 있는 지점이 되어 가격 결정이 된다는 이론이다.
그래프로 표현하면 다음과 같다. 이 중 공급자의 이익을 추구하는 곡선이 공급곡선이다.

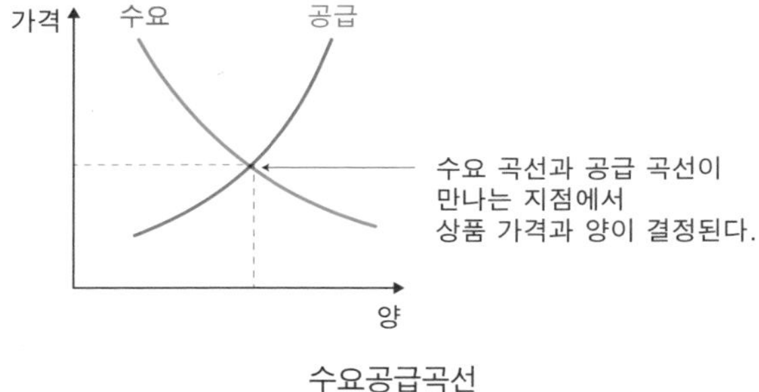

수요공급곡선

공급곡선

나비효과

미스터리 작가 레이 브래드버리Ray D. Bradbury가 시간여행에 관한 단편소설《천둥소리》에서 처음 사용한 나비효과는 나비의 작은 날갯짓 한 번으로 어딘가의 날씨가 변화하듯 미세한 변화나 작은 사건이 엄청난 결과로 이어진다는 의미를 갖고 있다.

기상 예측 모델 연구에서 유래해 과학 현상을 설명할 때 쓰였던 나비효과는 현재 사회과학을 비롯해 다양한 분야에서 활용되고 있다. 미국의 재채기 하나로 세계 경제는 독감에 걸린다는 이야기도 있다.

나스닥

벤처기업들이 상장되어 있는 미국의 장외시장. 자본력이 부족한 비상장 벤처기업들의 자금 조달 창구로 이용되며, 상장기업들에 비해 위험성이 있지만 투자가 성공했을 때는 높은 수익을 얻을 수 있기 때문에 투자자들의 투자가 활발하다. 비슷한 유형으로 우리나라에는 코스닥, 일본은 자스닥이 있으며, 미국의 나스닥 시장 장세에 다른 시장들이 동반 변화하는 추세를 보인다.

NASDAQ®

나스닥 로고

나스닥의 중심지 월가

다우존스 지수

미국 다우 존스사가 매일 발표하는 뉴욕 주식시장의 평균주가를 말한다. 나스닥지수, S&P500지수와 함께 미국 3대 주가지수로 꼽힌다.

다우존스

다중머리어깨모형

머리어깨모형은 삼봉형이라고도 불리며 증권의 기술적 분석 중 주가의 전환을 의미하는 각종 모형 가운데 가장 널리 알려진 모형이다.

머리어깨모형으로는 상승과 하락이 세 번 반복해서 일어나며 그중 두 번째 정상이 좌우 정상보다 높은, 극히 단순한 형태의 천정모형, 천정모형과는 반대로 추세선이 하향에서 상향으로 반전되는 과정에서 이루어지는 형태를 바닥모형, 여러 개의 어깨와 머리 형태로 나타나는 다중모형이 있다.

다중머리어깨모형

이 중 다중모형은 단순모형과 비슷하지만 형성기간이 길기 때문에 비교적 완만하게 반전이 이루어지는 시점에서 자주 형성되며 모형의 대칭성이 보다 강하게 나타난다

도메인

네트워크를 관리하기 위해 인터넷상의 컴퓨터 주소를 영문으로 표현한 것. 과거에는 IP주소가 사용되었지만 지금은 시스템, 조직, 조직의 종류, 국가의 이름순으로 구분되고 있다.

로버트 포겔

경제 문제를 연구할 때는 통계자료를 통해 검증해야 한다고 강조한 미국의 경제학자. 노예제도가 비인간적 생산방법이었지만 당시 상황에서는 경제적이었음에도 불구하고 정치적 결정에 의해 붕괴되었다고 주장해 큰 파문을 불러왔다. 하

지만 이 이론이 통계자료에 의한 객관적 연구결과로 인정받으면서 철도와 노예제도가 미국 경제 발전에 미친 영향을 밝혀낸 공로로1993년 더글러스 노스와 함께 노벨 경제학상을 수상했다.

리먼브라더스 사태

다각화된 국제금융회사 리먼 브라더스 홀딩스가 2008년 9월, 약 6천억 달러의 부채를 감당하지 못하고 파산한 사건을 말한다.
미국 국채시장의 주 딜러이자 전 세계에 지사를 두고 있던 리먼 브라더스는 투자은행, 증권과 채권 판매, 연구 및 거래, 투자관리, 사모투자, 프라이빗 뱅킹(PB;자산관리) 등에 관여했던 거대회사였다.

리먼 브라더스

무디스

존 무디John Moody가 설립한 미국의 신용평가회사로, Fitch, S&P와 함께 세계 3대 신용평가회사로 꼽힌다. 정식 명칭은 무디스인베스터스서비스John Moody&Company이며 1909년에 미국 최초로 철도회사에 대한 채권 신용등급을 발표하면서 급성장하기 시작했다.
1929년 세계 대공황이 터지기 직전 무디스사가 투자적격등급이라고 표시한 회사들만 대공황 때 살아남으면서 유명해져 세계 3대 신용평가사 중 하나로 발돋움했다.
현재는 기업신용등급뿐만 아니라 국가신용등급까지 매기고 있으며 워렌 버핏의 회사인 버크셔 해서웨이가 최대주주이다.

존 무디

MOODY'S
INVESTORS SERVICE

1997년 대한민국 외환위기 때 무디스사에서 한국의 국가신용등급을 두 차례에 걸쳐 4단계나 추락시키면서 우리나라는 IMF 구제금융을 받아야 했다.
2018년 현재 무디스의 대한민국 국가신용등급은 Aa2로 외환위기 이전 등급보다 높다.

무어의 법칙

1965년 인텔의 창업자인 고든 무어Gordon Moore는 마이크로 칩에 들어가는 트랜지스터의 수(칩의 성능을 나타냄)가 1년마다 2배씩 늘어난다고 주장했다. 그리고 1975년 무어는 이 주기를 2년으로 수정했다. 인텔 임원인 데이비드 하우스David House가 무어의 법칙 작동 주기를 18개월로 말하면서 18개월이 주기라고 알려지기도 했다.
이 무어의 법칙은 잘 지켜지다가 비용의 증가와 물리적 장벽에 부딪치면서 현재는 잘 작동한다고 할 수 없는 상태이다.

바나나현상banana syndrome

'Build Absolutely Nothing Anywhere Near Anybody'의 머리글자를 따서 만든 신조어다. 미유럽 선진국들이 제3세계에 산업폐기물을 수출하거나 자기가 사는 지역권에 쓰레기 매립지나 쓰레기 소각장, 교도소, 원전 등의 설치를 반대하는 시위 등 지역이기주의, 공공정신의 약화 현상 등이 이에 해당되는 사례이다. 비슷한 개념으로는 님비증후군nimby syndrome이 있다.

쓰레기 매립지

원자력 발전소

교도소

박싱데이

크리스마스 다음 날인 12월 26일을 가리키는 말로, 크리스마스에 가난하거나 신분이 낮은 이들에게 베풀었던 영국의 풍습에서 유래했다고 한다.

현재는 파격적 할인가로 제품을 판매하는 크리스마스 전후의 쇼핑 시즌을 의미한다.

보아뱀 전략

생텍쥐페리의 동화《어린 왕자》에 나오는 보아뱀의 모습에서 나온 이론이다. 국제적으로 통용되는 용어는 아니며 작은 회사가 큰 회사를 인수 · 합병하는 모습이 마치 보아뱀이 자기보다 훨씬 덩치가 큰 코끼리를 집어삼키는 모습과 비슷하다는 것에서 나온 용어이다.

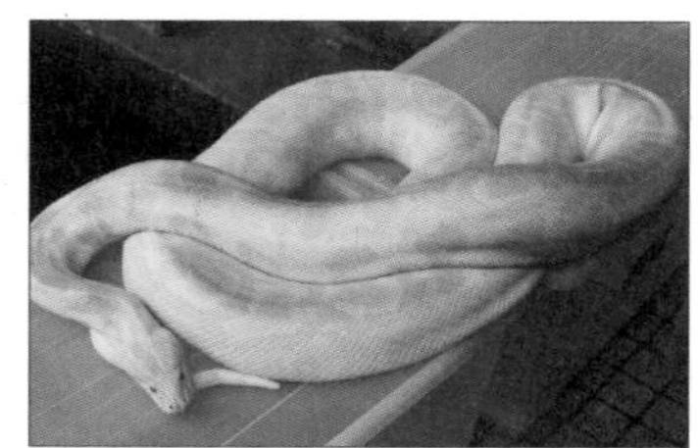

보아뱀

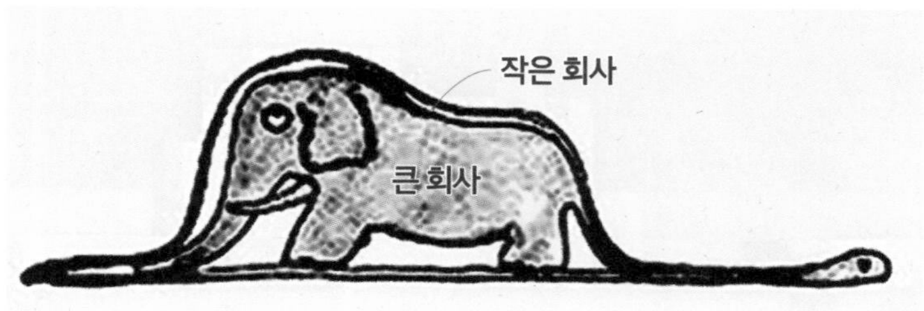

작은 보아뱀이 커다란 코끼리를 삼켰다.

보존지구

문화재, 중요 시설물 및 문화적 · 생태적으로 보존가치가 큰 지역의 보호와 보존을 위해 지정하는 지구. 크게 3곳으로 분류할 수 있다.

1. 역사문화환경 보존지구

문화재 · 전통사찰 등 역사 · 문화적으로 보존가치가 큰 시설 및 지역의 보호와 보존을 위하여 필요한 지구

2. **중요시설물 보존지구**

국방상 또는 안보상 중요한 시설물의 보호와 보존을 위하여 필요한 지구

유네스코 지정 세계문화유산이자 역사문화환경 보존지구인 수원 화성.

3. **생태계 보존지구**

야생동식물서식처 등 생태적으로 보존가치가 큰 지역의 보호와 보존을 위하여 필요한 지구.

붉은 여왕의 가설

《이상한 나라의 앨리스》의 속편인 《거울나라의 앨리스》에서 붉은 여왕의 나라는 어떤 물체가 움직이면 주변 세계도 함께 움직이기 때문에 "제자리에 있고 싶다면 죽어라 뛰어야 한다"는 붉은 여왕의 말에서 나온 가설이다.

진화학자 밴 베일른Leigh Van Valen이 생태계의 쫓고 쫓기는 평형 관계를 붉은 여왕의 효과라고 부른 것에서 나온 명칭으로, 자연계의 진화경쟁에서는 주변 환경이나 경쟁상대가 매우 빠른 속도로 변화하기 때문에

어느 한쪽이 일방적인 승리를 거둘 수는 없다는 뜻을 의미한다. 이 원리는 진화론뿐만 아니라 경영학의 적자생존경쟁론을 설명할 때도 매우 유용하게 사용된다.

붉은 여왕과 앨리스

블랙프라이데이

매년 11월 4째주 목요일로 정해진 추수감사절 다음날인 금요일부터 미국의 연말 쇼핑시즌이 시작된다. 이 기간 동안 미국 연간소비의 약 20%가 소비될 정도로 연중 최대의 쇼핑이 이루어지는 날이다.

연중 최대의 세일이 진행되는 기간이기 때문에 소비자의 소비 심리가 올라가면서 이전까지 지속된 장부상의 적자red figure가 흑자black figure로 전환된다고 해서 블랙프라이데이라고 부르게 되었다.

블루오션

고기가 많이 잡히는 넓고 푸른 바다를 의미하는 단어가 경제 분야에서는 신기술이나 혁신을 통해 고부가가치를 실현할 수 있는, 현재 존재하지 않거나 알려지지 않아 경쟁자가 없는 유망한 시장을 가리키는 용어로 사용되고 있다.

프랑스 유럽경영대학원의 김위찬 교수와 르네 모보르뉴 교수가 함께 제안한 기업 경영전략론 '블루오션 전략'에서 유래했으며 저서 《블루오션 전략》은 전 세계에서 번역되어 베스트셀러가 되었다.

이와 반대되는 개념으로는 경쟁이 매우 치열한 시장을 뜻하는 레드오션이 있다.

빅맥지수

영국의 경제 주간지 〈이코노미스트〉가 1986년 고안한 빅맥지수는 각국의 통화가치가 적정 수준인지 살피기 위해 전 세계에 퍼져 있는 맥도널드의 빅맥 햄버거 현지 통화가격을 달러로 환산한 가격을 말한다.

빅맥지수

이는 같은 물건이라면 어느 곳이나 같은 가격이어야 한다는 일물일가의 원칙에 따라 각국의 통화 가치를 살필 수 있는 지표가 된다.
하지만 최근에는 스타벅스 지수를 지표로 삼는 경우가 더 많아지고 있다. 빅맥지수는 햄버거에 대한 호불호와 건강 등의 문제로 판매가 위축되면서 국가에 따라 가격 할인 정책 등이 이루어져 정확한 데이터의 기준으로 부적합하다는 지적들이 나오는 반면 세계적 커피업체인 스타벅스는 주종인 카페라테(tall 사이즈)의 각국 매장 제품값을 비교 평가하며 업체 스스로 '라테지수'를 산정, 각국 물가 추이와 소비자 구매력을 반영해 2~3년에 한 번씩 커피 제품의 가격을 조정하고 있기 때문이다.

빅맥

스타벅스 커피

스타트업start-up

미국 실리콘밸리에서 생겨난 용어인 스타트업은 혁신적인 기술과 아이디어를 가지고 있지만 자금력이 부족한 신생 벤처기업을 뜻한다. 1990년대 후반 닷컴버블로 창업붐이 일었을 때 사용되기 시작한 용어로, 기술 · 인터넷 기반의 회사들 중 현재 가치보다 미래

스타트업

가치로 평가받을 수 있는 성장 잠재력이 큰 회사를 의미한다.

아궁이세

1662년 중세 영국의 조세제도로 아궁이가 많은 집은 부유할 것이라는 생각에서 집안의 아궁이 하나당 2실링의 세금을 내도록 했다. 하지만 사람들이 세금을 내지 않기 위해 아궁이를 없애버리자 1688년 폐지했다.
그리고 8년 뒤, 영국 정부는 '창문세window tax'를 신설했다. 창문이 많은 집이 부유할 것이라는 판단 하에, 국왕 윌리엄 3세가 도입한 세금으로, 이에 따라 신축 건물에는 아예 창문을 달지 않는 경우도 많았고 창문을 없애는 사람들도 많았다.
영국의 오래된 건물에 창문이 없는 이유는 이 때문이라고 한다. 그리고 창문세는 150여 년 동안 유지되었다.

아리랑본드

한국에 적을 두지 않은 외국기업 등 외국인이 국내시장에서 우리나라 통화인 원화로 발행하는 채권의 명칭을 말한다. 미국의 양키본드, 일본의 사무라이본드, 영국의 불독본드, 호주의 캥거루본드와 같은 외국채의 일종으로, 1995년 아시아개발은행(ADB)이 처음 발행했다. 아리랑본드는 우리나라 원화가 국제결제통화로 올라갈 수 있는 국제화에 기여했으며 장기채시장의 발전에도 도움을 주었다.

애덤 스미스

근대경제학, 마르크스 경제학의 출발점이 된 《국부론》의 저자인 애덤 스미스는 영국의 정치경제학자 · 도덕철학자이며 고전경제학의 창시자이기도 하다.
'경제학의 아버지'로 불리며 경제학을 체계적 과학으로 끌어올렸고 중상주의 비판을 통해 금 · 은만이 아닌 모든 생산물이 부라고 규정하고, 노

애덤 스미스

동의 생산성 향상이 국민의 부를 증대시킬 수 있다고 주장했다.
애덤 '스미스의 보이지 않는 손'은 시장을 움직이는 힘에 대한 이야기를 말한다.
간단하게 예를 들면 2017년에는 조류 독감에 의한 구제역 파동으로 계란 생산이 충분하지 못해 계란 한 판의 가격이 1만여 원까지 올라갔었다. 계란 생산이 부족해 수요가 공급을 초과하면서 계란값이 상승한 것이다. 하지만 계란의 공급이 원활해진 지금 계란 한 판은 4~6천 원대에 판매되고 있다.
시장에서 수요가 초과되면 상품의 가격은 상승하고 이에 따라 생산자의 이익은 증가하면서 상품의 생산 또한 증가하게 된다. 이는 공급의 증가로 이어져 소비보다 많은 공급량 때문에 상품의 가격은 내려가게 된다. 결국 수요와 공급의 균형이 맞춰져 생산자들은 정상이윤만을 얻게 된다. 반대로 상품의 공급이 수요를 초과하면 시장가격은 하락하고 생산자의 이윤은 감소해 생산자는 손실을 보게 될 수도 있다. 그리고 이런 생산자는 시장에서 사라지게 된다.
손해를 본 생산자의 퇴출은 다시 상품의 공급을 줄이게 되어 시장가격은 상승함으로써 남은 생산자는 정상이윤만을 얻게 된다.
이처럼 자연스럽게 수요공급 균형이 맞춰지는 것을 애덤 스미스는 보이지 않는 손이라고 설명했다.

양털깎기

중국의 경제학자 쑹훙빙宋鴻兵의 저서 《화폐전쟁Currency War》에서 처음 소개된 양털깎기는 풍성하게 자랄 때까지 기다렸다가 한 번에 깎아내는 양털처럼 금융세력이 극대의 이익을 노리는 상황을 말한다.
거대 자본을 가진 금융세력들이 인위적으로 주식이나 자산, 부동산 등의 가격을 올렸다가 자금을 회수하는 등으로 폭락시킨 후 폭락한 자산을 헐값에 매입해 다시 자산 가격이 올라가면 매도함으로써 큰 차익을 실현시키는 상황을 말한다.

언더독 효과Underdog effect

커다란 개와 작은 개가 싸우게 되면 작은 개를 응원하게 되는 약자 응원 심리를 말한다. 대중은 약자에게 감정이입을 하게 되어 강자 탑독topdog 대신 약자 언더독underdog을 응원하게 되는 것이다. 스포츠, 정치, 다양한 경기에서 약자가 강자를 이길 때 주로 실현되며 언더독 효과의 견제 수단으로 밴드왜건 효과Bandwagon effect가 있다.

거인 골리앗과 꼬마 다윗의 싸움

밴드왜건 효과는 밴드나 퍼레이드의 맨 앞에서 행렬을 인도하는 악대차에서 유래했는데, 유행에 따라 상품을 구매하는 소비현상을 뜻한다.

에드먼드 팰프스Edmund S. Phelps

2006년 노벨 경제학상을 수상한 경제학자. 영국의 경제통계에서 화폐임금상승률과 실업률 사이에 역의 함수관계가 적용됨을 발견한 필립스가 제안한 필립스 곡선 모델에, 높은 실업률과 높은 인플레이션률이 공존하는 이른바 스태그플레이션을 설명하는 이론으로 인정받는, 프리드먼Friedman, M.이 제안한 기대조정 필립스곡선expectations-adjusted Phillips curve

모델을 발전시켰다. 이 모델은 '물가 및 임금상승에 대한 사람들의 기대심리'라는 새 변수를 더한 것으로, 거시 경제의 기틀을 다진 공로를 인정받고 있다.

필립스 곡선과 기대조정 필립스 곡선은 다음과 같은 형태를 이룬다.

실업률이 낮을수록 화폐임금상승률 또는 물가상승률이 높으며, 반대로 화폐임금상승률이 낮을수록 실업률은 높다.(필립스 곡선)

석유파동 이후 필립스 곡선이 우상방으로 이동한 것이 통계적으로 관측되자 이를 설명하기 위해 주창한 것이 기대조정 필립스 곡선이다.

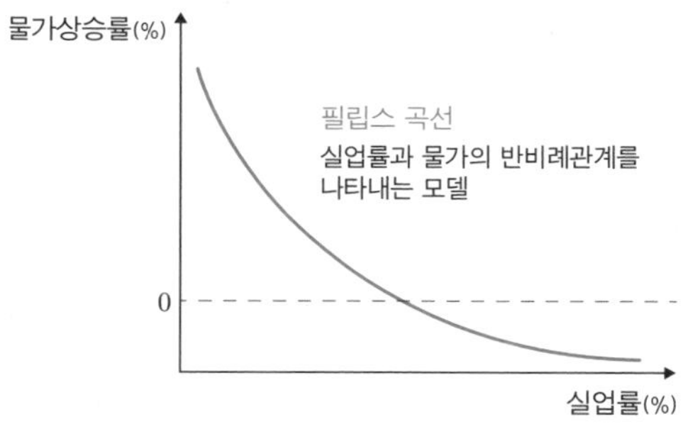

필립스 곡선

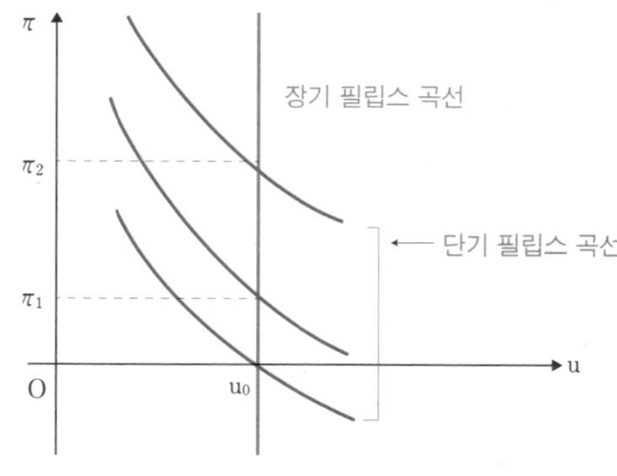

기대조정 필립스 곡선

옴브즈맨Ombudsman 제도

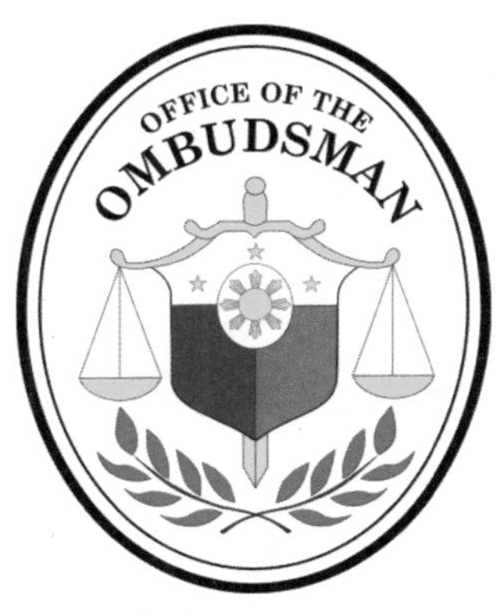

옴브즈맨 제도

스웨덴에서 처음 시행되어 현재는 여러 나라가 채택하고 있다. 행정기능의 확대 · 강화로 행정에 대한 입법부 및 사법부의 통제가 실효를 거둘 수 없게 되자 이에 대한 보완책으로서, 국회를 통해 임명된 조사관이 공무원의 권력남용 등을 조사 · 감시하는 행정통제제도로 행정감찰전문인 제도라고도 한다.
민원담당관', '민원조사관', '민원처리조사관'으로도 불리며 우리나라는 1994년 처음 시행하기 시작했다. 현재 우리나라의 각 부처 민원실이 이 기능을 맡고 있으며, 종합적인 기능은 국민권익위원회가 수행하고 있다

와타나베부인

엔화 가치의 저평가를 이용해 국경을 넘나들며 고수익을 추구하는 일본인 일반투자자들을 의미하는 '와타나베 부인'은 일본의 경제 거품이 붕괴된 1990년 이후 일본인들 사이에서 유행한 독특한 투자 방식을 말한다.
10여 년에 걸친 일본의 장기불황(1991~2002년)과 은행의 저금리로 저축이자에 실망한 일본 주부들은 해외로 눈을 돌리게 된다. 이들은 외환시장을 좌지우지하는 엄청난 규모의 세력으로 성장해 글로벌 외환시장의 큰 손으로 통하기 시작하면서 이를 지칭하는 용어로 국제금융가들이 사용하기 시작했다.

워렌 버핏Warren Edward Buffett

워렌 버핏

미국의 기업인이자 투자가인 워렌 버핏은 뛰어난 투자실력과 기부활동으로 '오마하의 현인' 이라고도 부른다. 그는 가치에 근거한 투자를 통해 부를 쌓았는데 그 근간은 기업을 사고 파는 방식으로, 2018년 현재 약 99조 원을 보유하고 있으며 2018년에만 약 3조 8천억 원을 기부했고 그동안의 누적기부액은 52조에 달한다고 한다.

자신의 재산 중 85%를 사회에 환원할 것이라고 발표하면서 화재가 된 워렌 버핏은 '행복으로 가는 길이 기부에 있다'고 말해 투자의 귀재이자 기부의 귀재로도 불린다.

잃어버린 십년

1980년대에 형성된 일본의 부동산 시장의 거품이 1991년부터 무너지기 시작하면서 2002년까지 일본이 겪었던 극심한 장기침체 기간을 잃어버린 10년이라고 말한다. 이 기간 동안 일본의 성장률은 0에 머물렀으며 이를 '복합 불황'이라고도 부르기도 한다.
이 외에도 다양한 이유로 라틴아메리카, 중국 등에서도 잃어버린 10년이 존재하며 최근 미국 증시에서도 이제 막 '잃어버린 10년'이 시작된 것일 수 있다는 경고가 나오고 있다고 한다.

잃어버린 십년-일본

제논의 역설

제논은 파타고라스의 첫 번째 제자이자 네 개의 역설을 남긴 것으로 유명하다. 그가 남긴 역설은 다음과 같다.

· 사람은 경기장을 건널 수 없다
· 날아가는 화살은 날지 않는다
· 빨리 달리는 아킬레스는 거북이를 추월할 수 없다
· 반분의 시간은 그 배의 시간과 같다

헤겔은 이런 제논에게 변증법의 창시자라는 평을 남겼다.

제논의 역설 중 '빨리 달리는 아킬레스는 거북이를 추월할 수 없다'를 살펴보면 오른쪽 그림과 같다(아킬레스는 그리스 신화 속 인물로, 신에 가까울 정도로 가장 빨리 달릴 수 있는 사람이다).

세상에서 가장 빠른 아킬레스지만 첫 시작부터 4번째 단계까지도 여전히 거북이를 추월하지 못한다. 먼저 출발한 거북이가 가는 만큼 아킬레스가 따라 붙어도 그 사이에 거북이는 좀 더 앞으로 가고 있기 때문이다.

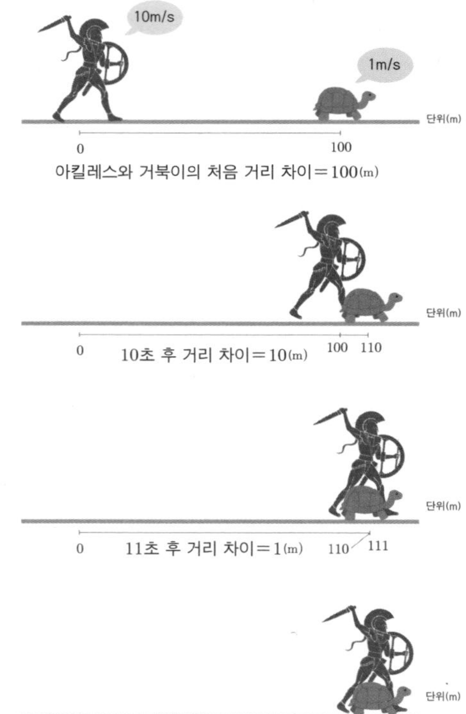

조지 소로스

40여 년 동안 퀀텀펀드를 운용해 20세기 최고의 펀드 매니저. '헤지펀드계의 전설', '헤지펀드의 대부'로 불리는 미국 금융인으로 수단과 방법을 가리지 않는 장사꾼의 냉혹한 모습과 엄청난 재산을 사회로 환원하는 자선가의 양면을 보유하고 있다.

조지소로스

소로스 펀드 매니지먼트의 의장을 맡고 있는 조지 소로스는 헝가리계 미국인으로 진보자유주의 운동을 지지하며 헝가리가 공산주의에서 자본주의로 평화롭게 전환되는데 중요한 역할을 한 것으로 평가받고 있다. 또한 인권, 복지, 교육 분야에 80억 달러 이상을 지원하는 등 다양한 사회활동을 하고 있다.

지하경제

정부의 규제에서 벗어나 세금을 내지 않는 경제로, 사채, 부동산 투기, 서화나 골동품 등의 투자, 아파트 입주권의 프리미엄, 특정업소허가에 따르는 권리금 등이 현금으로 거래가 이루어지는 위법적인 경제활동을 말한다. 비과세 대상이 되는 경제활동으로는 이밖에도 마약·매춘·도박을 비롯해 다양한 범죄가 있으며 우리나라는 지하경제의 규모가 2015년 기준으로 124조 7000억 원(국세청 발표)으로 추정된다고 한다. 국내총생산(GDP·1730조 4000억 원) 대비 7% 수준으로, 150조 원에 달하는 복지 예산과 맞먹는 엄청난 규모다.

상품 구매 시 현금 10% 할인이나 인형 뽑기 기계와 같은 사소한 것도

택스 캡 형태의 지하경제의 한 분야이다. 택스 캡이란 소득을 제대로 신고하지 않아 실제 내는 세금과 내야 할 세금 사이에 차이가 발생하는 것으로, 이는 온 · 오프라인에서 다양한 형태로 존재하고 있다.

카오스이론

1961년 미국 수학자 에드워드 로렌츠Edward Lorenz가 컴퓨터를 이용해 매번 같은 초깃값들로 날씨에 관한 시뮬레이션을 두 번씩 하다가 완벽하게 서로 다른 결과가 나타나는 것을 발견했다. 이는 2+2를 두 번 시행했지만 전혀 다른 답이 나온 것과 같은 상황이었다.
로렌츠는 이와 같은 이상한 결과가 나오는 원인이, 프로그램을 다시 돌리는 과정에서 빠른 결과를 얻기 위해 소수점 아래 여섯 자리를 입력한 처음 계산과 달리 두 번째 계산에서는 소수점 아래 세 자리까지를 입력함으로써 미세한 반올림의 오차가 서로 다른 결과를 나타냈던 것임을 알아냈다. 초기 조건의 미세한 변화가 엄청 다른 결과를 가져온 것이다.
이 발견을 통해 "브라질에 있는 나비의 날갯짓이 미국 텍사스 주에 발생한 토네이도의 원인이 될 수 있을까?"에 대한 궁금증을 갖게 된 로렌츠는 나비효과를 발견하고, 수학의 새로운 분야인 카오스이론을 탄생시켰다.

우주에서 바라본 토네이도

수학에서 카오스는 무작위나 무질서를 의미하는 것이 아니다. 많은 혼돈 시스템이 규칙적인 패턴이나 순환을 나타내며 이를 위상공간 그래프로 시각화시킬 수 있다.

코즈정리

외부효과를 해결하는 방안 중 하나로, 재산권이 확립되어 있고 거래비용이 없다면 정부 개입 없이도 이해관계 당사자 간의 협상에 의해 외부효과를 효율적으로 해결할 수 있다는 정리를 말한다..
경제학자 로널드 코즈Ronald Coase는 저서《사회적 비용의 문제The Problem of Social Cost》에서 처음 코즈정리를 소개해 1991년 노벨경제학상을 수상했다. 이는 정부규제에 대한 내용으로 발전하면서 법경제학 발전에 크게 공헌한 이론이지만 엄격한 조건 때문에 현실 적용이 어렵다는 단점이 있다.

콜럼버스의 달걀

발상의 전환을 이야기할 때 많이 이용되는 일화이다.
신대륙 항해를 마치고 돌아온 콜럼버스를 축하하기 위한 파티가 열렸다. 그런데 콜럼버스의 성공을 축하하는 자리에는 시기하는 자들도 있었다. 그들이 누구나 할 수 있는 일이라며 콜럼버스의 업적을 깎아내리자 콜럼버스는 그들에게 탁자 위에 달걀을 세워보라고 했다.
탁자에 달걀을 세우기 위해 시도한 그 누구도 달걀을 세우지 못하자 콜럼버스는 달걀 끝을 살짝 깨트린 뒤 세웠다. 그러자 사람들은 누구나 할 수 있는 것이라고 항의했다. 이에 콜럼버스는 누구든지 할 수 있지만 이를 처음으로 실천에 옮기는 것은 쉽지 않다고 말한다.
이는 기존의 관습이나 생각의 틀을 깨고 새롭게 시도하거나 실천하는 발상전환 효과를 설명하는 것이다.

피셔의 가설Fisher hypothesis

어빙 피셔

피셔 효과Fisher effect라고도 하는 피셔의 가설은 합리적인 경제 주체들이 인플레이션율을 반영해 명목이자율을 정하기 때문에 장기적으로 실질이자율은 안정적이라는 이론을 말한다.
계량 경제학회 초대 회장이자 근대 경제 이론의 개척자인 미국의 경제학자 어빙 피셔Irving Fisher가 제안한 이론으로, 그는 화폐 수량설과 물가 지수론을 주장한 사람으로 유명하다. 저서로는《가치와 가격 이론의 수학적 연구》《지수론》 등이 있다.

하이퍼인플레이션hyperinflation

화폐의 가치가 급락하고 물가가 통제를 벗어나 수백% 이상 상승하는 것을 말한다. 제1차 세계대전 패전으로 천문학적인 전쟁배상금을 물어야 했던 독일은 이를 감당하기 위해 무제한으로 돈을 찍는 손쉬운 방법을 택했다. 결과는 한 해 물가 상승률이 10억 배 이상 뛰는 대재앙으로 나타났다. 가격은 초단위로 달라져 임금을 받은 독일인들은 시장이나 잡화점으로 미친 듯이 달려가야 했고 이런 암울한 분위기의 독일은 아돌프 히틀러가 자라는 토대가 되었다.

하이퍼인플레이션의 재앙은 오늘날에도 위력을 발휘하고 있다.

현재 베네수엘라는 2017년 10월부터 2018년 10월까지 물가인상률이 883%에 달하고 있다. 이에 베네수엘라 정부는 화폐를 10만분의 1로 절하하고 가상화폐까지 만들었지만 물가를 잡는데 실패했으며 2018년에만 물가가 100만% 상승할 것으로 전망되고 있다.

베네수엘라는 하이퍼인플레이션으로 고통받고 있다.

참고 문헌 및 사이트

《사진으로 이해하는 수학의 모든것 BIG QUESTIONS 수학》 조엘 레비 · 지브레인

《한 권으로 끝내는 과학》 피츠버그 카네기 도서관 · 지브레인

《NEW 경제 용어사전 미래와경영연구소》 미래와경영

《경제학사전》 박은태 · 경연사

《Basic 고교생을 위한 정치경제 용어사전》 서경원 · ㈜신원문화사

《시장의 흐름이 보이는 경제 법칙 101》 김민주 · 위즈덤하우스

《상식으로 보는 세상의 법칙: 경제편》 이한영 · ㈜북이십일 21세기북스

《회계.세무 용어사전》 고성삼 · 법문출판사

《한경 경제 용어사전》 한국경제신문/한경닷컴

《부동산용어사전》 방경식 · 부연사

《무역용어사전》 한국무역협회

《금융위원회 금융용어사전》 금융위원회

《시사경제 용어사전》 기획재정부·대한민국정부

위키피디아 ko.wikipedia.org